20 CENTIMES.
LIVRAISONS.

THÉATRE CONTEMPORAIN ILLUSTRÉ

BENVENUTO CELLINI

DRAME EN CINQ ACTES ET HUIT TABLEAUX

PAR

M. PAUL MEURICE

REPRÉSENTÉ POUR LA PREMIÈRE FOIS, A PARIS, SUR LE THÉATRE DE LA PORTE-SAINT-MARTIN, LE 1er AVRIL 1852.

DISTRIBUTION DE LA PIÈCE.

BENVENUTO CELLINI. . . . . MM. Mélingue.	HERMANN.	Marchand.
FRANÇOIS 1er. . . . . Henri Luguet.	SIMON.	Mercier.
CHARLES-QUINT. . . . . Saint-Mar.	UN PAUVRE.	Kinche.
ASCANIO. . . . . Baron.	LA DUCHESSE D'ÉTAMPES. . . . . Mmes Person.
PAGOLO. . . . . Colbrun.	SCOZZONE.	Grave.
LE COMTE D'ORBEC. . . . . Saint-Léon.	COLOMBE.	Isabelle Constant.
ESTOURVILLE, prévôt de Paris. . . . Rey.	PÉRINE.	Delille.
DUBOULET. . . . . Barqui.	BERTHE.	Clara.

OUVRIERS, COURTISANS, GARDES.

La scène se passe à Paris, en juin 1540.

ACTE PREMIER.

Premier Tableau.

LE ROI CHEZ L'OUVRIER.

Les ateliers d'orfévrerie de Benvenuto Cellini. — Sur le devant, les établis; au fond, la forge.

SCÈNE I.

BENVENUTO, *le dos tourné à la scène, forge avec* HERMANN *et un troisième compagnon;* ASCANIO *et* PAGOLO *dessinent;* SIMON *et les autres ouvriers liment, gravent ou cisèlent.*

ASCANIO, *ouvrant un carton.*

Pagolo, je vous emprunte une feuille de papier.

PAGOLO, *vivement.*

Miserere! ne touchez pas à mes cartons, Ascanio!

ASCANIO.

Oh! oh! qu'est cela? Voici ce dessin de calice du maître, qu'il a tant cherché hier en votre présence.

PAGOLO, *embarrassé.*

Tiens! je l'aurai serré là — pour le copier.

ASCANIO, *à demi-voix.*

Pagolo, Pagolo, prenez-y garde! A deux reprises, il y a un an, quand Benvenuto, notre maître, a été emprisonné au château Saint-Ange, et il y a trois mois, quand il a été exilé d'Italie, — vous m'avez fait cette proposition étrange : « Nous avons en notre possession une partie des modèles de Benvenuto ; établissons-nous à notre compte, et abandonnons-le à sa mauvaise chance. » Je n'en ai jamais parlé, Pagolo ; mais je vous avertis pour la dernière fois : s'il me répugne de dénoncer un camarade, je mourrai avant de trahir le maître.

PAGOLO, *à part.*

Vil flatteur, va!

SIMON, *qui grave un cachet.*

Hé! Pagolo! le lion des armoiries de madame de Montbrion est de sable, n'est-ce pas?

PAGOLO.

D'abord, la maison de Montbrion ne porte pas au lion : elle porte au léopard.

SIMON.

Je vous dis que c'est un lion : il est rampant.

PAGOLO.

C'est un léopard : il est passant.

SIMON.

C'est un lion : la tête est de profil.

VOIX MÊLÉES DES OUVRIERS.

Un léopard! — un lion! — un léopard!

BENVENUTO, *entrant.*

D'azur, au lion léopardé d'or. (*A Hermann.*) Peste! mon Teuton, tu as de formidables muscles! Voilà un lingot aminci comme le pourpoint que je portais à vingt ans.

HERMANN, *avec un accent allemand.*

Vous avez dit : « De toutes tes forces... »

BENVENUTO.

C'est juste; je suis dans mon tort. — Eh bien! comment va la besogne, par ici? — Bonjour, Ascanio!

ASCANIO.

Vous avez l'air tout radieux aujourd'hui, maître.

BENVENUTO.

Oui, Ascanio, je suis content de ma matinée. J'ai achevé de composer et de bâtir la châsse commandée par la pratique, madame la supérieure des Ursulines. Et puis, j'ai fait des armes une grande heure avec ce démon de Rosso. Et puis, tout en préparant une armature, j'ai rimé—en l'honneur d'Hébé, déesse de la jeunesse, de m'apparaître, pour que je la puisse sculpter plus commodément. Enfin, je viens de jouer du marteau avec cet Hercule d'Alsace. — Ouf! le sonnet m'a fatigué.

PAGOLO.

Reposez-vous, maître.

BENVENUTO.

C'est un droit que je ne m'accorde que le dimanche, mons Pagolo. Voyons ton saint Georges?—Aïe! aïe! il a toujours l'air un peu sournois : c'est le diable! Il faut encore refaire cela, mon pauvre garçon.

PAGOLO, *entre ses dents, déchirant le dessin.*

Hum! je te déferai, toi!

BENVENUTO, *à Ascanio.*

Il est charmant, ton petit lévite songeur, Ascanio mio! il te ressemble, cet adolescent pensif. L'homme, depuis six mille ans, fait comme le bon Dieu : tout ce qu'il crée, il le crée à son image. Maintenant, Ascanio, prends l'ébauchoir. Dessiner en modelant, penser avec l'action, dans l'art comme dans la vie tout est là. (*On entend sonner midi.*)

TOUS LES OUVRIERS, *se levant et quittant leur ouvrage.*

Midi!

BENVENUTO.

L'heure fainéante du dîner! mais ne vous attardez pas, mes gars. Le glorieux roi François Ier doit venir, un jour ou l'autre, visiter nos ateliers; il l'a promis. Il faut que nous puissions lui montrer des œuvres dignes de lui — et de nous.

LES OUVRIERS.

Oui, maître. (*Ils sortent.*)

SCÈNE II.

BENVENUTO, ASCANIO.

BENVENUTO.

Ascanio, regarde-moi. Tu as encore ton petit air mélancolique aujourd'hui. Depuis un mois, mon enfant, pourquoi es-tu triste? cela m'afflige; pourquoi es-tu soucieux? cela m'inquiète. Ascanio, tu n'oublies pas que l'homme qui a sa main dans la tienne, comme il a son cœur dans ta vie, donnerait, pour t'épargner l'ombre d'une peine, sa peau coriace et son âme fauve.

ASCANIO.

Oh! non, je ne l'oublie pas, maître.

BENVENUTO.

Ascanio, il faut qu'il y ait derrière ces nuages-là amourette. Il n'y a pas de fumée sans feu.

ASCANIO.

Maître!

BENVENUTO.

Cela ne me regarde qu'autant que tu le voudras, mo Toute ma joie à présent, c'est de te savoir joyeux. Tou bonheur, c'est de marcher ainsi avec toi dans la vie, com couples fraternels de héros antiques. Grâce à toi, Ascanio rai eu vingt ans deux fois! — Et toi, m'aimes-tu toujo peu?

ASCANIO.

Oh! maître! de toute mon admiration, de toute ma naissance, de toute mon âme.

BENVENUTO, *le reconduisant jusqu'à la porte.*

Alors, je me trouve assez content pour te laisser pa bientôt, mon mystérieux rêveur.

ASCANIO, *à part, en sortant.*

Oui, ton nom doit rester un secret entre Dieu et mo tombe!

SCÈNE III.

BENVENUTO, SCOZZONE.

SCOZZONE, *entrant par la gauche.*

Maître!

BENVENUTO.

Ah! ma veine continue. L'ami sort, entre l'amie. Voilà zone! bonjour, Scozzone!

SCOZZONE.

Cela vous réjouit-il vraiment de me voir, Benvenuto?

BENVENUTO.

Cela me réjouit—trop. Pour nous autres fabricants d'idé grâce est toujours la bienvenue. Dieu vous la donne—et n vendons.

SCOZZONE.

Pourquoi donc alors, depuis quinze jours, ne m'avez-vo appelée, maître?

BENVENUTO, *avec un peu d'embarras.*

Pourquoi? pourquoi? D'abord tu sais bien, chère belle j'ai terminé le modèle de cette nymphe, pour laquelle tu as avec tant de complaisance. Je travaille maintenant au Ju Tu ne peux pas me servir de modèle pour le Jupiter, Scoz

SCOZZONE.

Et l'Hébé?

BENVENUTO.

Ah! l'Hébé, je la cherche et je la poursuis encore, d'apr type que j'entrevois vaguement, mais qui différera, je croi tien.

SCOZZONE.

Ah!

BENVENUTO.

Et puis, en vérité, il m'est venu des scrupules, Scozzone.

SCOZZONE.

Bah! Et depuis quand?

BENVENUTO.

Depuis que j'ai appris que vous tenez de si près à cette et fière duchesse, qui est comme la reine du roi. Est-ce madame d'Etampes ne m'en voudra pas d'avoir si familièr traité — sa sœur?

SCOZZONE.

Sa sœur! sa sœur obscure, oubliée, sans famille et sans n sa sœur, à qui ce titre rappelle seulement qu'elle n'a ni ni mère! Madame d'Etampes m'aime à sa manière, je ne dis non. Mais que lui importe mes actions? que m'important siennes, jusqu'au jour où vous y avez été mêlé, Benvenuto?

BENVENUTO.

Qui? moi! Comment cela? Je ne connais pas madame d tampes! Expliquez-vous, Scozzone.

SCOZZONE.

M'expliquer! Eh bien! oui, pour vous, pour moi, il est cessaire, en effet, il est urgent que je m'explique, que v voyiez clair dans votre existence, et que je sache où fixer mienne.

BENVENUTO.
vraiment de choses si graves, Scozzone?
SCOZZONE.
...us tenez ma destinée dans vos mains, et moi je tiens la vôtre dans les miennes.
BENVENUTO.
...bien que tu me fais peur, Scozzone!
SCOZZONE.
...vous, je veux dire avant de vous connaître, j'étais in... quoique pauvre, joyeuse quoique orpheline. J'accep... remords, à côté de madame d'Étampes, une vie trop ...e à la sienne. Un jour, vous m'avez rencontrée à la pro... vous m'avez hardiment et obstinément suivie jusque ...chambre de l'hôtel d'Étampes. Nous nous examinions ...tre, vous sérieux, moi riant aux éclats. Et puis, vous ...sé une belle bague d'or à mon doigt, en me disant gra... : « Je vous remercie de vous être laissé regarder, ma... ...lle; vous êtes charmante! Si vous aimez les bijoux, et ...s en vouliez d'autres, pour la même peine, vous n'avez ...nir demain, et les jours suivants chez moi, hôtel du ca... ...e Ferrare. » La proposition était si bizarre! j'ai répondu ...t: « Topé! » Le lendemain, j'étais exact au rendez-vous, ...m'avez priée de poser pour votre nymphe de Fontaine... Je m'amusais beaucoup, moi, d'être arrangée en déesse, ...étourdissais de toutes sortes de saillies, et c'est alors que ...m'avez débaptisée de mon nom de Jeanne, pour m'appe...

BENVENUTO.
joli nom italien : Scozzone.
SCOZZONE, souriant.
..., qui veut dire en français : Casse-cou.
BENVENUTO.
...la bonne heure! voilà que vous souriez comme autrefois! ...depuis quelque temps, je ne vous trouve plus aussi gaie, ...zone.

SCOZZONE.
...est depuis que je me trouve heureuse, maître. Tandis que ...e me regardiez posant, je vous regardais sculptant. Je vous ...irais, inspiré, l'œil ardent, la narine frémissante. Vous alliez ...eniez de votre ébauche à moi, tantôt à pas lents, tantôt à ...ds bonds. Vous sembliez parfois impatient, courroucé et ...me luttant contre un démon invisible; mais le plus souvent ...s étiez calme, puissant et victorieux. Vous ne faisiez guère ...ntion à moi, vous aviez l'air avec moi d'être tout seul, j'étais ...r vous comme un objet inanimé. Ah! je vivais pourtant ...ne vie! étonnée de moi-même, à la fois amoindrie et relevée, ...te petite devant vous, mais plus grande devant les autres; ...ntense parce que votre extase était bien plus belle que moi, ...is fière, parce qu'elle me ressemblait un peu! — Benvenuto, vous aimais!

BENVENUTO, souriant.
Vraiment?

SCOZZONE.
Ah! vous savez bien que vous n'avez pas le droit d'en douter. ...e vous aimais, je vous aime—et voilà pourquoi vous tenez dans ...os mains ma destinée.

BENVENUTO.
Scozzone, avec la sincérité, il faut être loyal; avec le dévoue... ...ment, il faut être sérieux. De votre amour vous ne m'aviez mon... ...tré d'abord que les sourires; je n'en aurais pas accepté les ...armes! Je vous aurais dit : Ne nous faisons pas d'illusion! Nous ...autres qui nous éprenons du marbre et du bronze, nous sommes ...bons tout au plus pour l'amitié; pour l'amour, non! Nous nais... ...sons veufs, nous vivons seuls. Les pierres et les métaux font nos ...mains et nos cœurs trop rudes. Nous brisons qui nous touche. Mon amour, Scozzone, peut devenir mortel.

SCOZZONE.
Mon Dieu!

BENVENUTO.
Ma vraie maîtresse, — entendez bien cela, Scozzone, — ce sera toujours la sculpture. Et ce qu'elle laisse de libre dans mon âme est pris encore par le souvenir d'une morte, de la mère d'Ascanio que j'ai tuée pour n'avoir pas su l'aimer, Scozzone, que j'ai perdue sans que j'eusse seulement touché son front de ma lèvre. Vous voyez bien que mon cœur n'est plus à moi, et que la part qui reste de ma vie n'est pas digne de vous.

SCOZZONE.
C'est bien, maître! (A elle-même.) Mais maintenant que vais-je devenir, moi? où trouverai-je un asile?

BENVENUTO.
Un asile?

SCOZZONE.
Eh! certainement! si, pour sauver la vie d'Ascanio, je perds l'amitié de Mme d'Étampes.

BENVENUTO.
Ascanio est en péril?

SCOZZONE.
Oui, maître! Ascanio est venu cinq ou six fois de votre part chez moi; et Mme d'Étampes l'y a rencontré trois fois. Ascanio a parlé avec enthousiasme de l'Italie, de la sculpture, de vous; et Mme d'Étampes l'a écouté avec ravissement. Ascanio est jeune, élégant et passionné, à la fois artiste et gentilhomme, et, depuis huit jours, Mme d'Étampes s'alarme déjà de ne plus le voir. Maître, prenez garde pour Ascanio à Mme d'Étampes.

BENVENUTO.
Ah! mon Dieu! qu'est-ce que j'apprends là! Mais le roi l'aime toujours, cette capricieuse duchesse! le roi, mon sauveur et mon hôte! Est-ce que je pourrais souffrir qu'un des miens le menaçât d'un affront ou d'une douleur?

SCOZZONE.
Et puis, maître, on se souvient que deux ou trois gentilshommes qui ont aimé dans ces derniers temps Mme d'Étampes n'ont pas eu de bonheur. Ils ont tous fini misérablement. Son amour aussi est mortel.

BENVENUTO.
Mon Ascanio? Est-ce pour cela que, depuis un mois, tu es triste! Ah! mais je suis là, moi, et je le défendrai! Qui le frappe me blesse, Scozzone! A nous deux nous le sauverons, n'est-ce pas?

SCOZZONE.
A nous deux! Eh! que puis-je maintenant? Mme d'Étampes est impérieuse et hautaine! Cette semaine, je lui ai refusé de venir savoir des nouvelles d'Ascanio. Ce matin, je lui ai refusé d'apporter pour Ascanio une lettre sans signature qu'elle m'a montrée. Elle n'est pas femme à regarder ce c'est pour elle-même que je suis contre elle avec vous. Bientôt je ne pourrai plus, je ne voudrai plus rester dans sa maison.

BENVENUTO.
Mais, Scozzone, ne sais-tu pas qu'ici tu seras toujours chez toi!

SCOZZONE.
Eh! je n'en voulais pas davantage! Recevez-moi pour votre servante, pour votre modèle, n'importe! Là où vous serez, le cœur me battra toujours heureux et fier.

BENVENUTO.
Alors, Scozzone, si mes paroles de tout à l'heure ne vous ont pas découragée ou effrayée, et si vous voulez ne me demander jamais plus que ce que je puis vous promettre aujourd'hui, — prenez cette main : c'est celle d'un allié, celle d'un ami.

SCOZZONE.
Oh! oui, je la prends, Benvenuto! Soyez béni, je suis sauvée!

SCÈNE IV.
Les Mêmes, PAGOLO.

PAGOLO, accourant.
Maître! maître!

BENVENUTO.
Eh bien, quoi?

PAGOLO.
Le roi! le roi en personne qui vient visiter votre atelier!

BENVENUTO.
Bonne et grande nouvelle! — Allons ouvrir à deux battants à monseigneur le roi!

SCOZZONE.
Il vient seul, Pagolo?

PAGOLO.
Madame la duchesse d'Étampes est avec lui.

SCOZZONE.
Voyez-vous, Benvenuto!

BENVENUTO.
Bah! je ne crains rien. Je suis dans un jour de bonheur. (Il sort.)

PAGOLO, à part.
Oh! si je pouvais lui trouver un petit malheur, dans tous ces bonheurs-là.

SCENE V.

Les Mêmes, LE ROI, *conduisant par la main la* DUCHESSE, ASCANIO, Pages, Ouvriers.

LE ROI.

Benvenuto, vous voyez que nous tenons notre engagement envers vous.

BENVENUTO.

Sire, j'ai déjà écrit sur mon livre de compte : « Doit à François Ier, Benvenuto Cellini : — François Ier me sauve la vie. — François Ier envoie à Rome M. de Montluc pour me tirer de prison. — François Ier m'appelle en France, et me traite à l'égal de Léonard de Vinci. » J'ajouterai à la date de ce grand jour : « François Ier daigne visiter l'atelier de son orfévre. »

LE ROI.

Benvenuto, mon frère Charles-Quint, mon cousin le roi de Naples, ou tout autre souverain, eût fait pour vous ce que j'ai fait. Nous venons voir, madame d'Etampes et moi, ce que vous seul pouvez faire.

BENVENUTO, *s'inclinant.*

Madame la duchesse!

LA DUCHESSE.

Je vous connais depuis longtemps, monsieur, et par le bruit de votre renommée, et par l'admiration de l'un de vos élèves, Ascanio des Gaddi, que je retrouve avec plaisir auprès de vous.

BENVENUTO.

Madame, Ascanio et moi nous nous glorifions d'être les serviteurs respectueux et fidèles de Sa Majesté.

LE ROI.

Benvenuto, il y a bien longtemps, trop longtemps, que les tristes soucis des affaires me détournent des nobles soins de l'art. Montrez-nous donc vite vos beaux ouvrages. J'ai comme soif de chefs-d'œuvre. (*Benvenuto parle bas à Ascanio qui va chercher les objets à mesure.*)

BENVENUTO.

Que Votre Majesté me permette d'abord de lui présenter quelques menus objets. Voici une médaille représentant Léda et son cygne.

LA DUCHESSE.

Vous frappez donc les médailles, Benvenuto ?

LE ROI.

Mieux que Cavedone de Milan, madame !

BENVENUTO.

Voici un cachet où j'ai gravé en creux saint Jean et saint Michel.

LA DUCHESSE.

Vous gravez aussi les cachets ?

LE ROI.

Beaucoup mieux que Lantizco de Pérouse !

BENVENUTO.

Ce reliquaire est émaillé par moi.

LE ROI.

Il émaille aussi l'or, — comme Amerigo de Florence !

BENVENUTO.

Je sais faire un peu de tout, sire. Je suis ingénieur militaire passable, et j'ai une fois empêché qu'on ne prît Rome. Je tourne au besoin une ballade ou une sextine. (*A la Duchesse qui regarde Ascanio.*) Madame, daignez regarder ce bracelet.—Quant à la musique, que mon père m'enseignait à coups de bâton, la méthode m'a profité, et je joue assez bien de la flûte pour que Clément VII m'ait engagé autrefois au nombre de ses musiciens. Je ne suis pas non plus maladroit chirurgien.—Ceci, madame, est une aigrette que j'ai montée.—Enfin, si Votre Majesté a la guerre, et qu'elle veuille m'employer comme homme d'armes , je sais aussi bien pointer une couleuvrine que manier une arquebuse ; avec ma couleuvrine j'ai débarrassé l'Empereur du prince d'Orange, et avec mon arquebuse, je crois bien avoir délivré Votre Majesté du connétable de Bourbon , — les traîtres n'ayant pas, à ce qu'il paraît, de bonheur avec moi.

LA DUCHESSE.

Mais vous êtes un homme universel, monsieur ! — Ascanio, montrez-moi donc encore ce bracelet.

BENVENUTO, *le prenant des mains d'Ascanio.*

Le voici, madame. (*La Duchesse remet le bracelet au Roi sans le regarder.*)

LE ROI.

Vous admirez avec moi, madame, la variété , la finesse beauté de ces joyaux et de ces orfévreries. Tout cela est r parfait au possible ! — Avez-vous quelque grande pièce , venuto ?

BENVENUTO.

Sire, voici un vase et un bassin qui ne sont peut-être pa dignes d'attirer l'attention de Votre Majesté. — Le roi se

LE ROI.

Ah ! d'étonnement, Benvenuto ! La belle et nouvelle de vase! que de délicatesse et de puissance dans ces r bosses ! Et voyez, duchesse, comme les attitudes des figure gracieuses et vraies. C'est merveilleux ! Tenez , celle-c élève le bras au-dessus de sa tête; le geste fugitif est si vive saisi qu'on s'étonne qu'elle ne continue pas le mouvemen Vous n'avez plus rien ?

BENVENUTO.

Si fait, sire, cette coupe.

LE ROI.

Oh ! Benvenuto, Benvenuto , je vous le dis , n'eussiez-fait que ce chef-d'œuvre, on n'emploie jamais trop de tem vaincre le temps. Ceci durera autant que l'art. Madame, me voyez ravi ! Tant de hardiesse, de finesse et de charme parmi la netteté et la fermeté des lignes , un monde , un i d'ornements curieux et d'arabesques imprévues. Ah ! de ce je tiens là, de ce que je contemple un des premiers, l'av dira : La coupe de Benvenuto Cellini !

BENVENUTO.

Mon grand roi ! les autres souverains me complimentai vous me comprenez , vous ! — Mais Votre Majesté n'a vu l'atelier de l'orfévre. Si elle n'avait peur d'un peu de plâtre qu'elle consentît à donner un seul coup d'œil aux œuvres statuaire, au modèle de mon Jupiter !

LE ROI, *vivement, se levant.*

Je crois bien ! Où faut-il aller ?

BENVENUTO.

Seulement dans la chambre voisine.

LA DUCHESSE.

Moi, pendant ce temps, je prierai M. Ascanio de me faire quelques-uns de ses dessins. Je lui veux commander — à lu un beau lys en pierreries.

BENVENUTO.

Vite, Ascanio, offre ton livre d'esquisses à Mme la duchess

ASCANIO.

Le voici, madame.

BENVENUTO.

Et puis, excusez-le, madame, il nous est indispensable. (sortent.)

LA DUCHESSE, *à part.*

Pourquoi Benvenuto emmène-t-il ainsi ce jeune homme ? (*E met une lettre dans le livre de dessins.*)

PAGOLO, *l'observant, à part.*

On fraude la poste royale !

SCOZZONE, *s'avançant.*

Madame !

LA DUCHESSE.

Ah ! tu étais là, Jeanne ? tu m'as presque fait peur ! Eh bie tu ne voulais pas venir, je suis venue.

SCOZZONE.

Madame, par grâce ! songez à tout ce que vous risquez !

LA DUCHESSE.

Allons donc ! Jeanne , vous savez bien que me défier, c m'enhardir. — Et puis, je m'ennuie.

LE ROI, *rentrant avec Benvenuto.*

Oui, Benvenuto, votre Jupiter est si réellement divin que ne veux entendre à rien et qu'il me le faut absolument exécut en argent ou en bronze.

BENVENUTO.

Oh ! pardon, mais cela est impossible, Sire !

LE ROI.

Impossible à vous, Benvenuto !

BENVENUTO.

Sire, impossible en France.

LE ROI.

Et pourquoi ?

BENVENUTO.

tre Majesté m'excuse, mais vos fondeurs de France ne
 core fondre — que des canons.

LE ROI.

 de plus pour leur apprendre à fondre des statues. En-
 es, dirigez-les, Benvenuto. Dotez la France d'ouvriers
 capables d'exécuter les œuvres des statuaires.

BENVENUTO.

l'entreprise est grande, mais bien audacieuse et bien
l y a d'autres difficultés encore.

LE ROI.

uelles ?

BENVENUTO.

voyez comme je suis à l'étroit ici.

LE ROI.

vrai. Mais cherchez, dans nos hôtels royaux, un empla-
t plus vaste et mieux disposé.

BENVENUTO.

, un de mes élèves en avait trouvé un, c'est le Grand
qui appartient à votre Majesté. Le prévôt de Paris en
e à l'heure qu'il est, mais il ne l'habite point; il occupe
nent le Petit Nesle que je lui laisserais volontiers.

LE ROI.

bien, c'est très-simple. (*Allant à une table et écrivant.*)
lez-vous au Grand Nesle, Benvenuto; je n'aurai que la Seine
verser pour aller admirer vos chefs-d'œuvre.

LA DUCHESSE.

mment! Sire, mais vous priveriez là, sans motif, d'un bien
ui appartient, un homme à moi, monsieur d'Estourville.

LE ROI, *tout en écrivant*.

ardonnez-moi, madame, le Grand Nesle n'appartient pas
prévôt de Paris. Sa résidence doit être le Châtelet. Je lui ai
, en outre, concession du Petit Nesle, mais non du Grand.
mettant à Benvenuto l'acte de donation qu'il vient d'écrire.)
venuto, vous pourrez prendre possession du Grand Nesle,
 que vous le voudrez.

BENVENUTO.

Mais, Sire, aujourd'hui même.

LE ROI, *riant*.

Aujourd'hui, si cela vous plaît.

ASCANIO, *à part*.

O bonheur, vivre près de Colombe !

BENVENUTO.

Sire ! qu'est-ce que je pourrai donc faire pour reconnaître de
elles bontés ?

LE ROI.

Fondez-moi le Jupiter !

BENVENUTO.

Ah ! Sire, vous me demandez l'impossible !

LE ROI.

Vous m'y avez habitué, Benvenuto ! Allons, pensez-y. — Il
faut, moi, que je m'arrache d'ici. — Benvenuto, je suis content
de vous, êtes-vous content de moi ?

BENVENUTO.

Je suis fier de me pouvoir dire, dans ce temps et devant l'a-
venir, l'ouvrier de votre Majesté.

LE ROI.

Mon ouvrier, mon artiste et mon ami, Benvenuto, — si ce titre
ne vous paraît pas plus à dédaigner que les autres. N'oubliez
pas que les portes du Louvre vous sont ouvertes à toute heure.
(*Le Roi et madame d'Étampes sortent, reconduits par Benvenuto. Les ouvriers viennent se grouper à la porte pour les regarder partir.*)

SCÈNE VI.

PAGOLO, *seul, puis* BENVENUTO, ASCANIO, SCOZZONE, LES
OUVRIERS.

PAGOLO, *ouvrant le livre de dessins d'Ascanio*.

Quel est donc ce papier que madame d'Étampes a glissé là ?
Ah ! je savais bien que c'était une lettre. Je suis un garçon éco-
nome et soigneux, moi ; je ramasse et mets de côté tous les pe-
tits secrets qu'on laisse tomber, — parce que cela peut servir
d'un jour à l'autre.

BENVENUTO, *rentrant*.

Allons ! maintenant, les enfants, grand déménagement ! —
Meubles, tapisseries, statues, les armes, les marteaux et les cui-

vres, — décrochez tout. Nous coucherons ce soir au Grand
Nesle ! — Ah ! vive Dieu ! voilà un beau jour ! Depuis quarante
ans que j'existe, je crois que je n'ai pas vu le pareil. C'est singulier, je suis heureux, mais là, sans mélange ! Le roi est venu
me visiter et s'en est allé satisfait. Je suis aimé de ceux que
j'aime. J'ai liberté, travail et santé, les trois grands biens du
monde. Et je suis propriétaire ! D'un hôtel superbe, avec jardin
et jeu de paume. Voyez : *signé François*. Ah ! mes braves compagnons ! ah ! mes chers enfants, il n'y a pas à dire, je suis au
faîte de la joie — Allez faire les paquets.

PAGOLO, *bas à Benvenuto*.

Maître, la duchesse d'Étampes a mis une lettre dans le carton
d'Ascanio.

BENVENUTO.

Ah ! donne ! (*A part.*) J'ai piqué la vanité du malheur !

PAGOLO, *à part, prenant la lettre*.

Je la démolis toujours un peu ta joie ! (*Haut, remettant la
lettre.*) Voici, maître !

BENVENUTO, *à part*.

Fuir le danger, c'est lui donner du champ. (*Haut.*) Ascanio !
tiens, mon ami, une lettre pour toi.

SCOZZONE, *bas à Benvenuto*.

J'ai lu ce matin cette lettre, voici ce qu'elle contient : « Ce
soir, après le Salut, sur la petite place déserte, derrière la chapelle des Augustins, et près la porte du Grand Nesle, Ascanio
attendra deux femmes masquées. . . »

ASCANIO, *à part, achevant de lire la lettre*.

Et pas de signature. Quelle raison mademoiselle Colombe et
dame Périne auraient-elles de se masquer ?

BENVENUTO.

Iras-tu, Ascanio ?

ASCANIO, *étonné*.

Comment ?

BENVENUTO.

Cette lettre, pour toi, c'est un rendez-vous d'amour.

ASCANIO.

Mais je n'en sais rien.

BENVENUTO, *à Scozzone*.

Pour moi, c'est un duel.

ASCANIO.

Cependant, c'est, je crois, une femme qui écrit.

BENVENUTO, *à Scozzone*.

C'est pour cela que le duel sera terrible !

ASCANIO.

Est-ce qu'il ne faut pas aller à ce rendez-vous, maître ?

BENVENUTO.

Au contraire, il faut y aller, Ascanio. Vas-y, pars.

ASCANIO.

J'irai, maître. Adieu, Scozzone. (*Il sort.*)

BENVENUTO, *décrochant son manteau*.

Seulement, nous y trouverons ensemble. (*Il sort derrière Ascanio.*)

Deuxième Tableau.

L'ATTAQUE DE L'HOTEL DE NESLE.

La place du cloître des Augustins. A gauche de l'acteur au troisième plan,
la porte de derrière de la chapelle des Augustins. Du même côté, au
premier plan, la porte et l'hôtel du Petit Nesle défendus par un fossé.—
Au fond, la porte de Nesle et la Tour de Nesle. A droite, un parapet, la
Seine, et par-delà, le vieux Louvre.— Au lever du rideau, les cloches
sonnent le salut, et les paroissiens et paroissiennes traversent la place et
montent à la chapelle.

SCÈNE I.

COLOMBE et PÉRINE, *allant à l'église*, ASCANIO, *marchant
toque à la main, à côté d'elles*, UN PAUVRE.

PÉRINE.

Comment avez-vous pu supposer, monsieur Ascanio, que nous
vous ayons écrit ? Il y a trois ou quatre dimanches, vous m'a-
vez obligeamment rapporté mon chapelet que j'avais laissé tomber. Depuis, vous avez obtenu de ce grand orfèvre, votre maître,
de fabriquer cette châsse pour la tante de Colombe, madame la
supérieure des Ursulines. Vous vous dites de bonne famille, et
vous semblez un jeune homme pieux et poli. Alors nous échan-
geons volontiers avec vous quelques mots, chaque dimanche ;

vous nous donnez l'eau bénite à l'église ; vous vous asseyez au banc qui touche le nôtre, tout cela est fort bien. Mais Colombe, la fille unique de noble sire d'Estourville, prévôt de Paris, — Colombe que moi, Périne, j'ai maternellement et sévèrement élevée, — écrire ou faire écrire à un étranger, fi donc !

ASCANIO.

Excusez-moi, dame Périne ; pardonnez-moi, mademoiselle Colombe.

COLOMBE.

C'est quelque autre dame, monsieur, qui vous aura fait tenir ce billet.

ASCANIO.

Non ! une plaisanterie d'atelier, plutôt ! N'en parlons plus, de grâce ! — Savez-vous, mademoiselle, que je vais avoir la joie d'habiter tout près de vous. Le roi a donné, ce matin, à Benvenuto le Grand Nesle pour y établir ses ateliers.

COLOMBE, *avec joie*.

Se peut-il ! (*Se reprenant.*) Le Grand Nesle, en effet, monsieur, n'est séparé du Petit Nesle que par une haie. C'est un charmant séjour, ce Nesle, vous verrez, tout varié d'arbres et de fleurs, de soleil et d'ombre...

PÉRINE.

Allons, demoiselle, dépêchons ! Le salut sera commencé.

COLOMBE, *remontant vers l'église*.

Vous n'allez donc pas tenir compte de cette lettre, monsieur ?

ASCANIO.

Mon Dieu ! maintenant je ne m'en soucie guère, et j'aurais presque envie de faire comme si je ne l'avais pas reçue.

LE PAUVRE, *s'avançant*.

La charité, s'il vous plaît !

ASCANIO.

Ah ! le pauvre vieillard !

COLOMBE.

Comme il a l'air malheureux ! (*Tous deux ont mis en même temps la main à leur escarcelle.*)

ASCANIO.

Pardon, mademoiselle ! Je m'imagine que mon humble aumône vaudrait bien davantage, si elle passait par vos mains. Voulez-vous la mettre avec la vôtre ?

COLOMBE.

Volontiers ! (*Se ravisant.*) Oh ! mais, monsieur, c'est peut-être mal d'accepter quelque chose de vous, — même pour donner.

ASCANIO.

Vous me refusez ?

COLOMBE.

Non, tenez, faisons un échange. Je vais donner pour vous votre aumône ; donnez pour moi la mienne.

ASCANIO.

Ah ! de grand cœur !

LE PAUVRE, *pendant qu'ils échangent leurs aumônes*.

Que le ciel paye en bonheur votre bonté, mon joli couple du bon Dieu !

PÉRINE.

Qu'est-ce que vous dites donc, brave homme ! Ces jeunes gens ne sont pas mariés !

LE PAUVRE.

Fiancés alors ?

PÉRINE.

Fiancés non plus ! par exemple !

LE PAUVRE, *les regardant*.

Quel dommage ! (*Étendant sa main sur leurs mains qui se rencontrent dans l'aumône.*) Mais c'est égal, mes chers enfants de charité, je vous unirai dans mes bénédictions, et je vous marierai dans mes prières.

COLOMBE.

Ah ! je ne vous oublierai pas, bon père !

ASCANIO.

Ni moi ! Un pauvre, c'est comme la moitié d'un prêtre. O douce charité, tu es le nom divin de l'amour ! (*Ils entrent à la chapelle.*)

SCÈNE II.

D'ORBEC, D'ESTOURVILLE, *puis* BENVENUTO.

D'ORBEC.

Mon très-cher prévôt, tu livreras le Grand Nesle à cet orfèvre.

D'ESTOURVILLE, *regardant Ascanio qui suit Colombe*.

Quel est donc ce jeune homme qui a l'air de suivre ma à l'église ? (*A d'Orbec.*) Tu disais ?...

D'ORBEC.

Que tu seras bien obligé de rendre le Grand Nesle.

D'ESTOURVILLE.

Jamais, d'Orbec.

D'ORBEC.

Dans le plus bref délai, d'Estourville. Comme secrétaire trésorerie, je viens d'en recevoir l'avis signé du roi.

D'ESTOURVILLE.

Le roi ! le roi est maître au Louvre, et le prévôt est ma au Nesle. Je m'y barricaderai, sang Dieu ! J'ai mes sergents la douzaine, mes sergents à verge, mes sergents fieffés.

BENVENUTO, *entrant, à part*.

Ce doit être ici ; mais je dois être en avance d'une de heure.

D'ESTOURVILLE.

J'ai le guet, j'ai le sous-guet, j'ai le contre-guet.

BENVENUTO, *s'avançant*.

Auriez-vous aussi, monsieur, la bonté de me dire si c'est là le Grand Nesle ?

D'ESTOURVILLE.

Sans doute, monsieur. (*A d'Orbec.*) Qu'est-ce que cet homm

BENVENUTO.

Et voici la porte par où l'on entre, je suppose ?

D'ESTOURVILLE.

La porte est condamnée, monsieur.

BENVENUTO.

Ah ! tant pis ! j'aurais voulu visiter l'hôtel.

D'ESTOURVILLE.

On ne le visite pas, monsieur ; l'hôtel n'est pas habité.

BENVENUTO, *du même ton*.

Ah ! tant mieux ! je pourrai l'occuper plus tôt.

D'ESTOURVILLE.

Hein ? — Monsieur, est-ce que vous seriez ce Benvenuto C lini, par hasard ?

BENVENUTO.

Pour vous servir. — Est-ce que, par chance, j'aurais l'ho neur de parler à monsieur le prévôt de Paris ?

D'ESTOURVILLE.

A lui-même.

BENVENUTO.

Ah ! messire, enchanté de faire votre connaissance ! Vo savez que je vais avoir le plaisir de devenir votre voisin, et qu le roi a daigné m'octroyer en toute propriété le Grand Nesle.

D'ESTOURVILLE.

Je ne sais rien.

BENVENUTO.

C'est juste. Vous êtes payé, messire le prévôt, pour ne croir qu'aux pièces authentiques. Voici l'acte de donation signé d roi.

D'ESTOURVILLE.

C'est bien, monsieur, j'examinerai.

BENVENUTO.

A votre loisir, messire. — Beau bâtiment d'ailleurs, ce Nesl autant que du dehors on peut en juger. C'est fort comme la mor ou comme l'amour, selon la parole de l'Écriture ! — Messire le prévôt, on vous renomme, je crois, pour amateur de beau fruits.

D'ESTOURVILLE.

Oui.

BENVENUTO.

Vous vous promenez volontiers, me dit-on, le soir, sous grands arbres.

D'ESTOURVILLE.

Oui.

BENVENUTO.

Enfin on m'assure que le jeu de paume est un de vos plaisi favoris.

D'ESTOURVILLE.

Oui.

BENVENUTO.

Messire le prévôt, les espaliers, les ombrages et le jeu de paume du Grand Nesle sont toujours, comme par le passé, à

...sition,—Mais pardon, il faut que je me dérobe à votre ...tion. (*Fausse sortie.*) Puisque je ne puis entrer au ...e, je vais en faire le tour extérieur. Il y en a pour un ...d'heure, n'est-ce pas? Le mur va jusqu'au Pré-aux-... si parmi les jolies promeneuses je pouvais rencon-...ébé. Vous ne connaîtriez pas la déesse Hébé dans votre ..., messire le prévôt? Mais je vois que j'importune ...eurie. Je vous laisse,—heureux de pouvoir bientôt me ...r d'un gentilhomme si plein d'aménité et de cour-...

SCÈNE III.
D'ORBEC, D'ESTOURVILLE.

D'ESTOURVILLE.
...ent! J'étouffe de rage! L'ordre est sans réplique!—
...mon vieil ami, écoute : Tu connais ma fille Colombe?

D'ORBEC.
! une adorable enfant !

D'ESTOURVILLE.
vingt fois parcouru le Grand Nesle.

D'ORBEC.
...agnifique séjour !

D'ESTOURVILLE.
...en! mon bon d'Orbec, je me décide à te donner en ma-
...a fille, avec le Grand Nesle pour dot!

D'ORBEC.
...o !

D'ESTOURVILLE.
...t !

D'ORBEC.
...compliments préliminaires échangés, raisonnons un peu;
...fond nous nous aimons, n'est-ce pas, d'Estourville?

D'ESTOURVILLE.
...me deux complices, d'Orbec.

D'ORBEC.
...lement, tu es un ami haineux, quoi!

D'ESTOURVILLE.
...toi un associé envieux, voilà tout.

D'ORBEC.
...ne, raisonnons : Ta fille Colombe, mon cher, m'a de tout
...s témoigné une antipathie particulière.

D'ESTOURVILLE.
...a, je l'imposerai.

D'ORBEC.
...i, tu m'exposeras. N'importe! ce serait mon affaire. Mais
...rand Nesle, que tu m'offres si généreusement, tu vas bien
...obligé, mon pauvre prévôt, d'en déguerpir tout à l'heure.

D'ESTOURVILLE.
...on, mille massacres! Du bec et des ongles je le défendrai
...tre la rapacité de cet artisan !

D'ORBEC.
...ort bien ! Mais toi, d'Estourville, qui te défendra contre la
...ère du roi?

D'ESTOURVILLE.
...Qui ? madame d'Étampes.

D'ORBEC.
Hé! allons donc! nous y voilà. Il n'y a de maître du roi que
... maîtresse. Seulement es-tu sûr de madame d'Étampes?
...est toute la question.

D'ESTOURVILLE.
Oui, je la tiens : elle me doit tout!

D'ORBEC.
C'est bien plutôt moi qui la tiens : je lui dois tout!

D'ESTOURVILLE.
Écoute deux brèves anecdotes.—Il y a un an, madame d'Étam-
...us commençait à se lasser de monsieur de Mauvert au moment
...ù le roi commençait à s'en inquiéter. Une nuit que le Galaor
...ortait de l'hôtel d'Étampes un peu trop tard ou un peu trop tôt,
quatre de mes hoquetons eurent ordre de le prendre pour un voleur et le laissèrent mort sur la place.

D'ORBEC.
Oui, c'est une prévenance, cela !

D'ESTOURVILLE.
Il y a six mois le vicomte de Rungis devenait compromettant
et le roi devenait jaloux. Si bien que Sa Majesté m'ordonna, à
moi, prévôt de Paris, de surveiller l'Amadis. Mais j'eus la délicatesse de ne le convaincre que d'un complot avec les Espa-
gnols, complot qui n'avait jamais existé, et depuis ce temps,
nous oublions ce pauvre vicomte dans une basse-fosse du Châtelet. On se souvient de ces choses-là !

D'ORBEC.
On s'en souvient trop ! — Mais en attendant, il y a une nouvelle fantaisie sous jeu, n'est-ce pas ?

D'ESTOURVILLE.
Ah ! tu sais cela!

D'ORBEC.
Le successeur de Mauvert et de Rungis est cette fois tout justement un élève de ce même Benvenuto.

D'ESTOURVILLE.
Tu sais cela aussi !

D'ORBEC.
A telles enseignes que madame d'Étampes va venir ici tout à
l'heure, sous le masque de velours, pour parler à ce jeune
homme, et que tu es sorti, toi, pour parler à madame d'Étampes,
sous le masque de ton dévouement.

D'ESTOURVILLE.
Mais tu sais donc tout ? — Ah çà, pour être aussi bien informé
que moi qui ai à mes ordres deux ou trois milliers d'oreilles et
autant d'yeux espionnant tout le monde, — comment fais-tu,
voyons ?

D'ORBEC.
Pardieu ! je t'espionne, toi !

D'ESTOURVILLE.
Oh ! tu es fort !

D'ORBEC.
Si fort que j'abats mon jeu, tu vois ! En deux mots veux-tu
ma réponse à tes amicales propositions ! Si madame d'Étampes
t'aide contre le Benvenuto, oui. Sinon, non.

D'ESTOURVILLE.
Intrigant !

D'ORBEC.
Flatteur ! Mais trêve de coquetteries, voici du monde.

D'ESTOURVILLE.
La litière de madame d'Étampes !

SCÈNE IV.
LES MÊMES, Mme D'ÉTAMPES, *descendant de litière; masquée*,
puis SCOZZONE.

D'ORBEC.
Vous pouvez avancer, madame la duchesse, il n'y a là que
vos deux âmes damnées.

LA DUCHESSE, *ôtant son masque*.
Toujours insinuant, comte. Bonjour. Bonjour, prévôt. Ah !
grand Dieu ! quel est cet air lugubre ?

D'ESTOURVILLE.
Hé! madame la duchesse connaît le singulier caprice de générosité auquel le roi a cédé ce matin en faveur de je ne sais quel
serrurier italien. Madame la duchesse souffrira-t-elle que son
plus zélé serviteur soit ruiné par la perte de ce superbe Grand
Nesle?

LA DUCHESSE.
Mais le Grand Nesle ne vous appartient pas, messire. Il appartient au roi, qui l'a donné tantôt à son orfévre. Comment
donc pourriez-vous garder cette propriété?

D'ESTOURVILLE.
Mon Dieu ! madame, en battant et en tuant un peu le
nouveau propriétaire.

LA DUCHESSE.
Hein? Êtes-vous fou, d'Estourville? Et que dirait le roi?

D'ESTOURVILLE.
Rien, si madame la duchesse daignait parler pour moi.

LA DUCHESSE.
Ne l'espérez pas, messire! Je n'ai encore aucune raison d'en
vouloir à Benvenuto! Toucher à un cheveu de sa tête, ce serait
encourir, non-seulement la colère du roi, mais ma disgrâce.
(*Voyant entrer Scozzone.*) Cela dit, laissez-nous. Nous avons
besoin d'être seule.

D'ORBEC, *bas à d'Estourville*.
Ah! mon pauvre prévôt, je crois que ta fille n'aura pas de dot.
(*Ils font quelques pas pour rentrer.*)

LA DUCHESSE.
Au fait, messire d'Estourville, ne vous éloignez pas, restez
chez vous, à la portée de la voix, afin que nous puissions vous
appeler au besoin.

D'ESTOURVILLE, *s'inclinant.*

Madame! (*A d'Orbec.*) Je te dis qu'elle l'aura, sa dot. (*Ils entrent dans l'hôtel.*)

SCÈNE V.

LA DUCHESSE, SCOZZONE, *puis* BENVENUTO *et* ASCANIO.
(*Le crépuscule commence à se faire.*)

SCOZZONE.

Madame, ma sœur, je vous en supplie, il en est temps encore : remontez dans la litière et allez seulement faire un tour au Pré-aux-Clercs. Songez combien d'existences vous exposez; la vôtre la première.

LA DUCHESSE.

Ah! décidément, tu veux donc me tenter, toi! D'ailleurs, il est trop tard, vois! (*Ascanio descend les marches de la chapelle.—Benvenuto paraît au fond. Les deux femmes se masquent.*)

ASCANIO, *à part.*

S'il y a un danger dans ce rendez-vous, je ne puis pourtant pas avoir l'air de le fuir. (*Haut en s'avançant.*) Pardon, mesdames, serait-ce de l'une de vous que j'ai reçu cette lettre?

LA DUCHESSE.

Oui, monsieur.

ASCANIO.

Alors, madame, daignez me dire ce qui m'a valu de vous une pareille faveur.

BENVENUTO, *passant au milieu.*

Attends, Ascanio! Excusez-moi, madame. — Je me jette bien témérairement à la traverse d'une entrevue secrète. Mais la circonstance est si grave! Madame, voulez-vous m'accorder la grâce de m'écouter une seule minute?

LA DUCHESSE.

Mais, monsieur...

BENVENUTO.

Madame, ni Ascanio, ni moi, n'avons l'honneur de savoir qui vous êtes. Tu l'ignores, n'est-ce pas, Ascanio?

ASCANIO.

Oui, jusqu'à présent, sur l'honneur!

BENVENUTO.

Quant à moi, vous me connaissez... (*Mouvement de la Duchesse.*) Vous ne me connaissez pas à votre gré! Cependant, Ascanio vous dira que je suis son ami, son frère aîné, son père. — Oh! ne souriez pas, madame, il n'est le fils que de mon âme! — Mais je l'ai reçu tout petit des bras de sa mère mourante, de sa mère pour qui j'aurais donné ma vie; je l'ai nourri, élevé, choyé; je lui ai appris à lire, à travailler, à aimer, à vouloir, à vivre. Mon cœur enfin n'a que lui pour famille, pour espoir et pour existence. Dis si c'est vrai, Ascanio.

ASCANIO.

Oh! oui, devant Dieu et devant ma mère, cher maître.

BENVENUTO.

Eh bien! alors, quand je vois un danger, un danger réel et terrible sur lui, en même temps que sur vous, madame, c'est mon devoir, c'est mon droit d'essayer de le détourner, n'est-ce pas? Pour cela, avant de lui parler seule, daignez m'entendre seul, madame.

LA DUCHESSE.

Mais, convenez que la demande est un peu étrange, monsieur.

BENVENUTO.

Étrange, insolente, insensée, si vous voulez. Je sauve ce que j'aime avec un peu de brutalité, soit. Cependant, j'aurais pu tromper Ascanio, l'écarter, le contraindre presque. Mais j'ai toujours été loyal vis-à-vis de lui; il a toujours été libre vis-à-vis de moi. J'ai toujours traité mon enfant en homme. Aussi ce n'est pas à lui que je m'adresse, madame, c'est à vous. Qu'il s'éloigne pas, qu'il revienne tout à l'heure, si vous le souhaitez. Mais il est nécessaire que je vous parle seul et avant lui. Vous ne me croyez pas? Tu me crois, toi, Ascanio!

ASCANIO.

Je vous crois, maître, je vous respecte et je vous aime. Mais pour que je me retire, ne me faudrait-il pas au moins l'aveu de madame?

BENVENUTO.

Madame!...

LA DUCHESSE.

Qu'il soit donc fait, monsieur, selon votre bizarre désir; car, sur mon âme, je finis par être curieuse.

BENVENUTO.

Va, mon Ascanio. Tu sais qu'on se fie à moi.

ASCANIO.

Madame, je suis à deux pas. (*A part.*) J'aime bien mieux cela! on aime mieux les poèmes que les préfaces! (*Il dans l'église.*)

SCÈNE VI.

BENVENUTO, LA DUCHESSE, SCOZZONE.

LA DUCHESSE.

Monsieur, je vous écoute.

BENVENUTO.

Madame, il est convenu que je ne vous connais pas. puis vous parler de vous, il faut bien que je vous parle Je suis un orfèvre florentin. Il y a trois mois je me suis d'Italie en France, après m'être évadé du château Sain par trois chutes effroyables du haut d'un escarpement de d'un quart de lieue, —le poignet rompu, la jambe cassée, corps et âme, proscrit, ruiné, naufragé de toutes me Mais, en France, deux espérances, deux bonheurs m'ont coup ranimé : un grand et puissant personnage voula m'aider et me protéger, et je pouvais me donner et me d à ce doux et charmant jeune homme. Vous comprenez, m un mourant se dit alors : Me voilà sauvé! désormais que me comprendra et quelqu'un m'aimera; l'artiste et l'hom moi seront contents, et j'ai enfin un peu d'air et d'horizo mon esprit et pour mon cœur. — Ah! bien oui! Savez-v qui m'arrive? Si je ne m'y oppose, demain mon pro peut être offensé mortellement par mon protégé, et mo tégé, à son tour, mortellement puni par mon protecteu Puis-je les trahir tous les deux? puis-je manquer à ma naissance et manquer à mon amitié? puis-je laisser fra la fois les deux moitiés de mon cœur? — C'est ce que je vo mande, madame!

LA DUCHESSE.

Est-ce que cela me regarde, monsieur?

BENVENUTO.

Madame, je ne vous connais pas, c'est entendu. Cepe ne m'obligez pas non plus à être trop clair. Vous avez dé viné qu'il y a une femme dans l'affaire; une femme qui, ment et jalousement aimée par l'un des deux hommes do parle, semble s'être imprudemment et follement éprise de tre. Or, quand même je serais assez ingrat pour laisser b dans son amour et dans son honneur mon seigneur et hôte, pourrais-je souffrir que mon ami et mon enfant cour risque d'être jeté dans quelque cachot de la Bastille ou du telet?

LA DUCHESSE.

Eh! que m'importent, monsieur, vos scrupules?

BENVENUTO.

Que vous importe? Madame, madame, je ne veux tou pas savoir votre nom; mais soyez témoin que c'est vous qu forcez de vous parler directement et ouvertement, et de dire : Je n'accuse pas la femme dont il est question; n enfin, des deux derniers gentilshommes qui l'ont aim l'un est mort dans une embuscade, le second se meurt dan ne sais quel cachot. Je passe les autres. L'amour de femme est donc fatal, la beauté de cette femme est mortelle et cette femme, madame, c'est vous!

LA DUCHESSE.

Assez! — Qui vous a donné le droit de vous jeter au tra de ma vie et de ma pensée?

BENVENUTO.

Vous, madame, en vous jetant au travers de ma pensée e ma vie.

LA DUCHESSE.

Est-ce la lutte alors? et la question se réduit-elle à savoir sera le plus fort?

BENVENUTO.

Qui que vous soyez, madame, je ne vous conseille pas d tenter l'épreuve avec moi.

LA DUCHESSE.

Fort bien! vous me dénoncerez à ce maître redoutable m'aime!

BENVENUTO.

Non, madame; mais à ce jeune homme timide que v aimez.

LA DUCHESSE.

Oui, ce sera d'un homme, au moins. Mais chacun son cha de bataille! Ce qui sera d'une femme, ce sera de vous perd auprès de votre protecteur. On pourra voir qui aura le plus chances, de sa maîtresse — ou de son orfèvre.

BENVENUTO.
...dans ces termes, madame, croyez-vous que je reculerais... duel? Vous auriez pour auxiliaires toutes les mauvaises... j'aurais toutes les grandes. Vous me combattriez à force... , je me défendrais à coups de chefs-d'œuvre. Vous... et séduisante, mais je suis fécond et infatigable. Et... après tout, qui de l'artiste ou de l'amoureux finirait par... chez François Ier?

LA DUCHESSE.
...vous nommez déjà le roi, monsieur! prenez garde! — ...découvrez pas trop! Tant que vous ignorez qui je suis, ... ! Mais faites-y attention! si vous me reconnaissez, je ...onnais. Ne jeter mon nom, c'est me jeter votre gant. ...m prononcé, c'est ce masque arraché; ce masque arra-...st la guerre.

BENVENUTO.
...us ne la voulez pas, madame, renoncez à l'amour d'As-...

LA DUCHESSE.
! non !

BENVENUTO, *faisant un pas vers elle.*
?

LA DUCHESSE.
...nez garde à vous, signor Cellini !

BENVENUTO.
...e vous crains pas, duchesse d'Etampes !

SCÈNE VII.
MÊMES, D'ORBEC, D'ESTOURVILLE, *puis* ASCANIO, COLOMBE *et* PERINE.

LA DUCHESSE, *élevant la voix.*
...moi, monsieur d'Estourville! (*D'Estourville et d'Orbec* ...*nt du Nesle.*)

SCOZZONE, *passant à côté de Benvenuto.*
... ! maître, qu'avez-vous fait? (*Ascanio sort de l'église, pré-* ...*nt Colombe et Périne, et accourt près de Benvenuto.*)

BENVENUTO.
...scanio ! (*Apercevant Colombe.*) Oh ! la ravissante figure !

LA DUCHESSE, *bas à d'Estourville.*
...éfendez le Grand Nesle, et comptez sur mon aide. Votre ...se est désormais la mienne.

D'ESTOURVILLE.
Madame ! (*A d'Orbec.*) Maintenant je vais dire son fait à ce ...lotru, mon gendre.

D'ORBEC.
Va, moi je reconduis madame, beau-père. (*Il sort avec la Du-* ...*esse.*)

BENVENUTO, *qui suit d'un regard ravi Colombe.*
Je crois que j'ai courroucé Junon ; mais pardieu ! voilà que je ...ouve Hébé !

SCOZZONE, *à part.*
Quelle est donc cette jeune fille que Benvenuto regarde ainsi?

BENVENUTO.
Tu connais cette jeune fille, Ascanio ?

ASCANIO.
C'est mademoiselle Colombe d'Estourville, la fille du prévôt de Paris.

BENVENUTO.
Sa fille ! Elle sera notre voisine !

D'ESTOURVILLE, *revenant vers Benvenuto.*
J'ai examiné votre acte de donation, monsieur. (*Le jetant en morceaux à ses pieds.*) Vous voyez, je ne l'ai pas trouvé très-régulier. (*Il passe.*) Rentrez, ma fille !

BENVENUTO, *lui montrant tour à tour le papier déchiré, puis Colombe.*
Messire ! remerciez-la, elle vient tout simplement de vous sauver la vie !

D'ESTOURVILLE.
Allez ! monsieur le forgeron, mes arquebuses n'ont pas peur de vos marteaux. (*Il rentre avec sa fille dans l'hôtel.*)

ASCANIO, *à Benvenuto, qui semble absorbé.*
Eh bien ! qu'avez-vous donc, maître ? le roi vous signera un autre brevet.

BENVENUTO, *ramassant les morceaux de l'acte déchiré.*
Non, je tiens à prouver à monsieur le prévôt que les morceaux du droit * sont toujours bons. — Eh ! justement, Ascanio, voici notre déménagement.

* L'acteur dira : « ... Les morceaux de *celui-là*... »

SCÈNE VIII.
LES MÊMES, PAGOLO, HERMANN, SIMON, *tous les compagnons et apprentis de Benvenuto portant des outils, des armes, des ustensiles. Une charrette encombrée de meubles les suit.*

BENVENUTO.
Halte, la caravane !

TOUS.
Le maître ! — Bonsoir, maître !

BENVENUTO.
Mes enfants, voilà le Nesle !

TOUS, *avec joie.*
Ah !

BENVENUTO.
Seulement, vous ne savez pas ? Le prévôt qui ne veut pas me le donner ! (*Murmures.*)

HERMANN.
Eh bien ! maître, qu'est-ce que vous allez faire ?

BENVENUTO.
Ma foi, moi, j'ai bien envie de le prendre.

LES OUVRIERS.
Oui ! en avant ! bataille ! bataille !

BENVENUTO.
Vous êtes donc avec moi, mes bons compagnons ?

TOUS.
Oui ! tous ! tous !

BENVENUTO.
Alors, plaie et bosse !

TOUS.
Plaie et bosse !

BENVENUTO.
Armez-vous pour l'attaque !

TOUS.
Armons-nous pour l'attaque !

HERMANN.
Les marteaux sont des casse-têtes !

PAGOLO.
Et les plaques d'argent des cuirasses.

BENVENUTO.
Attendez ! Toi, Ascanio, aborde cette porte poliment, et si monsieur le prévôt ne veut pas l'ouvrir, avertis-le que nous allons l'enfoncer.

ASCANIO, *allant frapper à la porte.*
Monsieur le prévôt ! monsieur le prévôt ! au nom du ciel, je vous conjure d'ouvrir ! (*Silence.*) Monsieur le prévôt ! une fois, voulez-vous ouvrir ? deux fois ?

D'ESTOURVILLE, *paraissant au balcon.*
Voici ma réponse ! (*Il décharge son arquebuse sur les ouvriers. Clameur unanime d'indignation et de colère.*)

BENVENUTO.
A la brèche et à l'escalade ! Cellini à la rescousse !

TOUS.
Cellini à la rescousse ! (*Au milieu des arquebusades, les compagnons s'élancent furieux, les marteaux et les haches d'armes au poing, sur la porte de l'hôtel. La toile tombe.*)

ACTE II.

Troisième Tableau.

LE VASE BRISÉ

Salle d'attente à l'hôtel de la duchesse d'Etampes.

SCÈNE I.
LA DUCHESSE, SCOZZONE.

SCOZZONE.
Ma sœur, madame, il s'agit de mon bonheur ; il s'agit aussi du vôtre, daignez m'entendre et m'aider.

LA DUCHESSE.
Il faut d'abord que je te gronde, Jeanne ; après quinze jours d'absence, tu reviens donc enfin au bercail, enfant prodigue.

SCOZZONE.
Quinze jours! vous avez daigné les compter.

LA DUCHESSE.
Jeanne, on dit que je ne suis pas très-bonne, — et je sais que je ne suis pas très-heureuse, — mais il restait pourtant quelque chose de doux dans mon sort et dans mon cœur; c'est le souvenir du jour où notre père nous prit toutes petites sur ses genoux, et nous dit : « Mes enfants, vos mères, comme vos fortunes, sont différentes et presque ennemies, mais vous n'en êtes pas moins sœurs; que celle qui sera riche protége celle qui sera pauvre, que celle qui sera pauvre console celle qui sera riche. » Je t'ai bien mal protégée, ma pauvre Jeanne; ma seule excuse, c'est que je me suis encore plus mal protégée moi-même. Jeanne, tu as cependant la dernière lueur d'amitié et d'espoir qui éclaire mon âme, et quand tu me quittes, ma sœur, je me trouve tout à fait seule dans cette foule, et si je te perdais, je me trouverais tout à fait perdue dans ce monde.

SCOZZONE.
Je vous remercie de votre affection, madame. Mais pourquoi faut-il que vous détestiez l'homme que j'aime?

LA DUCHESSE.
Benvenuto! eh mais, puisque tu es malheureuse avec lui, et par lui!

SCOZZONE, *vivement*.
Je n'ai pas dit que j'étais malheureuse; j'ai dit que j'étais jalouse : il aime une autre femme.

LA DUCHESSE.
Enfin, tu viens pour que je t'aide à te venger de lui?

SCOZZONE.
Je n'ai pas dit de lui; j'ai dit de l'autre. C'est votre intérêt d'ailleurs, autant que le mien.

LA DUCHESSE.
Mon intérêt! Quelle est donc cette femme?

SCOZZONE.
La fille du prévôt de Paris, Colombe d'Estourville. Depuis quinze jours que Benvenuto s'est emparé de force du Grand Nesle, il la voit chaque matin, par une fenêtre de son atelier particulier, qui donne sur les jardins du Petit Nesle.

LA DUCHESSE.
Mais je connais à peine cette jeune fille!

SCOZZONE.
Oh! vous allez la connaître et la haïr autant que je la hais.

LA DUCHESSE.
Parle donc vite. Le roi est là, ce matin, et d'une minute à l'autre, il peut entrer pour me faire ses adieux avant de retourner au Louvre.

SCOZZONE.
Eh bien! en guettant pour mon compte cette jeune fille, il s'est trouvé que je me travaillais aussi pour vous. Car c'est là mon sort maintenant : épier, espionner! Elle n'est pas aimée de Benvenuto seulement, cette Colombe d'amour.

LA DUCHESSE.
En vérité! et de qui donc encore? (*Bruit en dehors.*) Mais, tiens, voilà le roi. Voyons, entre là; tu me donnes ta matinée, au moins!

SCOZZONE.
Oui, je tiens à vous achever mon histoire.

LA DUCHESSE.
C'est cela, — après mes réceptions.

SCOZZONE.
Et, si je suis bien informée, je crois qu'après vos réceptions, l'histoire vous paraîtra plus intéressante encore. (*Elle sort par la droite.*)

SCÈNE II.
LE ROI, LA DUCHESSE.

LA DUCHESSE.
Eh bien! sire, est-ce que vous me quittez toujours soucieux?

LE ROI.
Madame, vous savez bien ce qui me préoccupe. Mon frère Charles-Quint m'a fait demander le libre passage à travers la France, pour aller châtier les Gantois révoltés. Nous lui avons donné notre parole de gentilhomme, — vous entendez? notre parole de gentilhomme! — qu'il sortirait sain et sauf de notre royaume. Sur cette solennelle promesse, l'empereur sera à Paris dans trois jours. Et, cependant, tous mes conseillers, tous mes ministres, et vous-même avec eux, — tous m'exhortent à profiter de l'occasion, à saisir cette revanche de ma prison de Madrid, et à retenir à mon tour Charles-Quint captif, jusqu'à ce qu'il m'ait restitué le Milanais. Tout le monde, enfin, veut que je sois petit, je me résigne. Mais du moins qu'il me soit ᵖ d'être triste.

LA DUCHESSE.
Sire, nos ennuis sont bien différents. Votre Majesté c⸺ cieuse, parce qu'elle peut se venger de son ennemi! Je s⸺ contente, parce que je ne puis me venger du mien.

LE ROI.
Voilà qui me semble difficile à croire, madame. Être ⸺ ennemi, c'est être puni déjà.

LA DUCHESSE.
Et, néanmoins, Sire, il est un homme qui m'a déclaré un⸺ de guerre, et qui a osé attaquer et maltraiter, il y a déjà d⸺ quinze jours, un de mes serviteurs et amis particuliers, sieur d'Estourville. Il agissait avec votre autorisation, soit. Sire, admettez-vous aussi qu'en ce qui me concerne, il n'e⸺ dû s'excuser auprès de moi de sa hardiesse et me témoig⸺ fût-ce que l'apparence d'un regret?

LE ROI, *souriant*.
Non, je ne l'admets pas, mignonne! Et pourtant vous m⸺ conseillez de me venger de mon ennemi, et je vous conseille, et je vous conjure de pardonner au vôtre.

LA DUCHESSE.
De pardonner à Benvenuto? Jamais!

LE ROI.
Attendez donc! de lui pardonner, là, ce matin, tout à l'h⸺ à lui-même, qui viendra vous le demander, et qui vous off⸺ pour rançon de son audace, un beau vase en argent repouss⸺

LA DUCHESSE.
Benvenuto fera cela?

LE ROI.
Il le fera, j'en réponds. Je lui ai parlé hier, j'ai sa prom⸺ Ah! j'ai eu quelque peine à la lui arracher, j'en conviens, presque ordonné, et j'ai presque supplié. Mais vous allez le ici dans l'instant. Il est sans doute arrivé déjà. Allons, vous⸺ vez combien je tiens à mes artistes. Ma belle duchesse, voy⸺ pardonnez-vous à qui me plaît, vous que j'aime?

LA DUCHESSE.
Sire, je me méfie un peu, à vrai dire, de ce Florentin. M⸺ écoutez : Je vais le recevoir. Si je suis contente de lui, je s⸺ désormais pour lui avec vous. Si j'en suis mécontente, vous rez contre lui avec moi.

LE ROI.
C'est convenu, foi de gentilhomme! Ah! s'il vous offense core, je m'engage à le bannir, — non pas de France, diantre mais du Louvre et de ma présence. — Cependant, voilà qu⸺ soleil monte, et qu'il faut que je vous quitte, ma bien-aimée⸺ y a conseil ce matin. Hélas! je vais tâcher de me faire hab⸺ vous êtes bien heureuse, vous, de n'avoir qu'à être belle ⸺ vous dérangez pas, j'ai le bras long. Adieu. (*Il sort.*)

LA DUCHESSE.
Adieu, Sire. (*Elle frappe sur un timbre.*) Berthe!

BERTHE, *entrant*.
Madame la duchesse m'a appelée?

LA DUCHESSE, *vivement*.
Qui est là dans l'antichambre, Berthe?

BERTHE.
Mais d'abord, l'orfèvre du roi, madame; Benvenuto Celli⸺ porteur d'un magnifique vase.

LA DUCHESSE, *à elle-même, radieuse*.
Ah! c'est donc vrai! Enfin, le fier artiste s'humilie! terrible lion s'apprivoise! — Est-ce qu'il y a encore là d'aut⸺ personnes, Berthe?

BERTHE.
Messire le prévôt et monsieur le comte d'Orbec, madame.

LA DUCHESSE.
Introduisez messieurs d'Estourville et d'Orbec.

BERTHE.
Est-ce que je n'ai pas dit à madame la duchesse que Benvenu⸺ était arrivé le premier? Il attend depuis près d'une heure.

LA DUCHESSE.
Ah! eh bien, tant mieux! Allez donc! (*Berthe sort.*)

SCÈNE III.
LA DUCHESSE, D'ORBEC, D'ESTOURVILLE.

BERTHE, *annonçant*.
Messire le prévôt de Paris. Monsieur le comte d'Orbec. (*D'Estourville et d'Orbec entrent en saluant la Duchesse.*)

LA DUCHESSE.
njour, comte. Bonjour, prévôt.

D'ESTOURVILLE.
adame la duchesse, savez-vous bien qui nous venons de
, en passant, dans votre antichambre? Votre ennemi et le
e, madame, — Benvenuto Cellini!

LA DUCHESSE.
ui, je sais cela. Après?

D'ESTOURVILLE.
Après! Mais, madame...

D'ORBEC, *l'interrompant.*
Laisse-moi dire. — Madame la duchesse, le jour où ce pauvre
vôt s'est fait si malheureusement battre par ce damné cise-
r, j'ai eu l'honneur de vous dire que l'adresse pouvait tou-
rs réparer les bévues du courage. Mon plan était fait : j'é-
usais la fille de d'Estourville.

LA DUCHESSE.
Votre fille Colombe, je crois, prévôt?

D'ORBEC.
Oui, madame. A l'occasion de ce mariage, et avec l'appui de
adame la duchesse, j'obtenais de Sa Majesté l'intendance des
hâteaux royaux, vacante depuis un mois.

D'ESTOURVILLE.
Laquelle lui donnait le droit de choisir un logement à son gré
dans les hôtels du roi; il choisissait naturellement le Grand Nesle
voisin de l'habitation de son beau-père.

D'ORBEC.
Et nous avions, cette fois, tout pouvoir pour faire déguerpir
le Benvenuto, car nous étions, à notre tour, soutenus par l'auto-
rité royale.

LA DUCHESSE.
D'autant plus efficacement, que vous présentiez sans doute votre femme au Louvre, comte! Le prévôt m'a amené une fois sa
fille; elle est belle à ravir, votre fiancée. Et si j'étais prudente,
j'y regarderais à deux fois avant de faire ma protégée de celle
qui pourrait bien devenir ma rivale.

D'ORBEC.
Oh! madame, soyez assurée que la comtesse d'Orbec ne sera
jamais, quoi qu'il advienne, que votre alliée et votre servante.

LA DUCHESSE, *le regardant.*
Mon alliée! Oh! mais, c'est très-fort, ce que vous dites là,
comte, et savez-vous qu'avec un tel esprit de conduite, vous
pouvez aller loin sous François Ier, notre roi — très-païen.

D'ESTOURVILLE, *à part.*
Qu'est-ce qu'ils finassent donc là? (*Haut.*) En attendant, depuis deux semaines, madame la duchesse ne nous dit toujours
pas...

D'ORBEC, *l'interrompant.*
Si, malgré une royale influence qu'il est aisé de deviner, elle
daigne se prêter encore à notre petit projet.

D'ESTOURVILLE.
Et ce Benvenuto est là, dans l'antichambre!

LA DUCHESSE.
Où il doit bien maugréer, n'est-ce pas! Il y fait pénitence,
messieurs. Dame! on se venge à coups d'épingle comme à coups
d'épée! Et si cet orgueil qui résistait à des papes et à des rois
s'humilie devant mon caprice, et subit jusqu'au bout cette dure
épreuve, voyons, pourrai-je tenir rigueur à tant de soumission?
Mais qu'est cela? Ces éclats de voix, ce fracas!..

D'ESTOURVILLE.
C'est peut-être le damné qui jure un peu dans son enfer!

D'ORBEC.
Alors, il serait sans doute temps de le faire passer en purga-
toire.

LA DUCHESSE.
Vous avez, je crois, raison, d'Orbec. (*A Berthe qui rentre.*)
Bien! bien! je comprends. C'est Benvenuto qui s'ennuie. Nous
nous mettons à sa place : il doit horriblement souffrir! Il n'est
pas habitué à de pareilles factions, lui pour qui le Louvre
est toujours ouvert, et le roi toujours visible. Allons, messieurs,
venez achever cet entretien dans mon oratoire. (*A Berthe.*) Faites entrer Benvenuto, et dites-lui que je suis à lui, —tout à l'heure.
(*Elle sort, suivie de d'Orbec et de d'Estourville.*)

SCÈNE IV.

BENVENUTO, ASCANIO, *introduits par* BERTHE.

BENVENUTO.
Enfin, c'est bien heureux! Viens, Ascanio, viens, mon enfant,
assieds-toi. C'est surtout pour toi que je souffrais.

BERTHE.
Monsieur, Madame la duchesse sera à vous.—tout à l'heure.
(*Elle sort.*)

BENVENUTO, *se promenant avec agitation.*
Tout à l'heure! tout à l'heure! Il y a deux heures que nous
attendons. (*Allant et venant de long en large.*) Mais il faut es-
pérer que la duchesse ne le sait pas. J'ai peut-être quelque chose
à réparer envers elle, je l'avoue. J'ai cru d'abord n'avoir affaire
qu'à un caprice, et j'ai été dur et cruel pour la femme. Mais elle
envoie chaque jour en secret savoir de tes nouvelles, Ascanio ;
nous pourrions bien avoir affaire à une passion, et une passion,
cela fait beaucoup souffrir! De plus, cette femme, un peu im-
pertinente et un peu vaine sans doute, tient cependant par le
cœur à ce bon et généreux roi qui me comprend et qui m'aime. Il
me l'a franchement avoué hier, et moi, qui de ma vie n'ai cédé
ni à pape, ni à diable, j'ai été touché ; je promis de venir ici ce
matin, et m'y voici ; (*avec un dépit concentré*) mais j'aime à
croire que Mme d'Étampes ne se doute pas de ce qu'elle me fait
endurer.

ASCANIO.
Mon cher maître, au nom du ciel, soyez calme.

BENVENUTO.
Moi, je suis calme, très-calme! Je n'ai d'inquiétude que sur
toi, mon enfant. Tu as voulu m'accompagner, et c'était proba-
blement, en effet, le plus habile parti. Quand j'aurai donné ce
vase et tiré ma révérence à la duchesse, je prétexte une affaire
pour le laisser seul avec elle. Tu lui montreras le dessin de
son lys. Il est bien convenu que tu ne soupçonnes rien de son
amour pour toi. Seulement, et par manière de dialogue, tu lui
confies respectueusement que tu aimes quelqu'un, et que ce
n'est pas elle.

ASCANIO, *à part.*
Et ce sera plus vrai que vous ne le pensez, cher maître!

BENVENUTO.
La duchesse est vaine, elle est fière ; cette fausse rivalité ré-
veille chez elle un orgueil qui la perd dans son cœur, mais qui
nous sauve d'elle et de son pouvoir sur le roi. — Sans compter
que je me venge un peu de ce mauvais quart d'heure qu'elle me
fait passer ici, — (*frappant crescendo sur la table*) car je commence, — mort Dieu! — à perdre patience, et à penser qu'elle
le fait exprès!

ASCANIO.
Oh! non, non, c'est impossible. (*Berthe paraît.*) Voici qu'on
vient.

BENVENUTO, *à Berthe.*
Eh bien! mon enfant, et votre maîtresse?

BERTHE.
Elle est en train de congédier MM. d'Orbec et d'Estourville,
et ensuite...

BENVENUTO.
Et ensuite, elle viendra ici, n'est-ce pas?

BERTHE.
Ensuite elle se mettra à sa toilette, monsieur.

BENVENUTO.
A sa toilette? Ah! vraiment! Et dure-t-elle longtemps, sa toilette?

BERTHE.
Oh! une petite heure tout au plus.

BENVENUTO.
Vous dites, mon enfant?

BERTHE.
Je dis une petite heure.

BENVENUTO, *les dents serrées de colère.*
C'est donc réellement une insulte qu'on m'a voulu faire,
hein?

BERTHE, *troublée.*
Monsieur!

ASCANIO.
Mon cher maître!

BENVENUTO.
Tais-toi! (*A Berthe.*) Avez-vous jamais entendu rugir un
lion, ma bonne petite?

BERTHE, *tremblante.*
Monsieur!... mais monsieur!...

BENVENUTO.
Non? eh bien! écoutez! Allez dire à votre maîtresse qu'elle a
commis une grossière et stupide méprise: que Benvenuto Cellini
est un libre et fier artiste et non un laquais, ou même un marchand; qu'on a vu vendre souvent le plaisir et ses sourires, mais
que rien, rien au monde ne saurait payer le talent et ses douceurs.

et que si elle a entendu parler de ces femmes qui prostituent leur beauté, je ne suis pas, moi, de ces hommes qui prostituent leur génie. (*Rires dans l'oratoire, Benvenuto bondit vers la porte.*)

ASCANIO, *l'arrêtant*.

Maître !

BENVENUTO.

Ah ! railler, outrager, détruire, seule puissance du méchant ! Défaire, jeu cruel et facile ! (*La Duchesse apparaît pâle et frémissante sur le seuil de l'oratoire, d'Estourville et d'Orbec derrière elle.*) Mon enfant, dites encore ceci à votre maîtresse : que je lui avais apporté un présent — ce vase — rêvé, conçu, caressé pendant six mois, travaillé, ciselé, brodé pendant six autres, et qu'aujourd'hui, plutôt que de le lui donner à cette insultante créature, j'écrase et je broie, en une seconde, sous mon talon. (*Il le brise sous ses pieds, et le tendant à Berthe.*) Tenez, la fille, prenez ! vous avez eu la peine de m'annoncer deux ou trois fois, prenez ce morceau d'argent, vous dis-je ! il vaut maintenant dix écus. — Allons, viens, Ascanio, sortons ; viens !

ASCANIO.

Maître, plus que jamais, il me reste ici quelque chose à faire.

BENVENUTO.

Comme tu voudras. (*Regardant de côté la Duchesse.*) Même absent, je réponds que personne ne me vaincra dans ton cœur.

LA DUCHESSE, *à part*.

Nous verrons bien !

BENVENUTO, *aux volets accourus au bruit*.

Faites place, vous autres ! (*Il sort.*)

LA DUCHESSE, *à d'Orbec et à d'Estourville*.

Allez, messieurs, vous saurez ma détermination avant une heure. (*Ils saluent et sortent.*)

SCÈNE V.

LA DUCHESSE, ASCANIO.

LA DUCHESSE.

Vous êtes resté, monsieur Ascanio. Si c'est pour voir de quel exemplaire châtiment je sais frapper qui m'outrage, vous allez être satisfait. Je n'ai qu'un mot à écrire au roi !

ASCANIO.

Ah ! madame, réfléchissez que, par cette longue et dure attente, vous nous aviez comme provoqués la première.

LA DUCHESSE.

Sur ma vie ! Ascanio, j'ignorais que vous fussiez avec votre maître ! — Écoutez, voulez-vous que je ne tire de Benvenuto qu'une vengeance sans péril ? Il faut alors que vous m'y aidiez.

ASCANIO.

Moi, madame !

LA DUCHESSE.

Oui, vous. Je veux lui susciter un rival dans son art.

ASCANIO.

Ce sera difficile, madame.

LA DUCHESSE.

Non, car ce rival, c'est son élève, c'est vous.

ASCANIO.

Moi ? (*Allant prendre son livre de dessins qu'il a déposé sur une table.*) Madame la duchesse, la dernière fois que j'ai eu l'honneur de vous voir, vous avez bien voulu parler de me commander un lys de diamants pour votre parure. Je n'ai pu en terminer le dessin que ce matin. Le voici. Je pourrai peut-être l'exécuter à votre souhait. Mais, en vérité, c'est là, madame, que s'arrête tout mon talent.

LA DUCHESSE, *examinant le dessin*.

Il est charmant, Ascanio, votre dessin. Je le crois bien, qu'il faut me l'exécuter ! Tenez, j'ai dans cette cassette, des perles et des diamants. Est-ce là ce qu'il vous faut ? voyez, y en a-t-il assez ?

ASCANIO.

Madame, il y en a plus qu'il n'est nécessaire.

LA DUCHESSE.

C'est bien, vous me remettrez le reste.

ASCANIO.

Oh ! me voilà ravi comme un page à qui l'on confie sa première épée !

LA DUCHESSE.

Bon ! ce n'est qu'un commencement. Je vous trouve trop modeste, Ascanio. Après tout, vous n'avez pas besoin de faire des statues et des colosses pour être un précieux orfèvre et un délicat artiste. Vous pourrez, quand vous le voudrez, rempl votre Benvenuto, vous dis-je.

ASCANIO.

Madame...

LA DUCHESSE.

Ce n'est rien encore ! — Ah ! c'est mon caprice aujourd'h vous éblouir et de vous tenter, Ascanio. — Apprenez un g secret : l'empereur Charles-Quint, qui vient d'entrer en Fra n'en sortira, je l'ai résolu, qu'après avoir érigé en royaum Milanais pour le second fils de François Ier, Charles d'Orléa un enfant que je protége et que je mène. Or, sous le nom Charles, c'est moi qui régnerais là-bas, dans votre belle Ita et, sous mon nom, si cela vous plaisait, Ascanio, vous pour vous, être un jour le vrai prince et le vrai maître, dispose pouvoir et de la richesse, patroner Cellini lui-même, faire fle l'art, conquérir l'avenir. Est-ce là un assez beau rêve, une a grande destinée ? Allons ! que je vous voie un peu ambitieux, fin !

ASCANIO.

Ambitieux, madame ? je le suis trop ! Je le suis trop en am du moins.

LA DUCHESSE, *émue*.

Que voulez-vous dire ?

ASCANIO.

J'aime, madame, quelqu'un de si haut placé au-dessus de que nous ne pourrons jamais nous rencontrer dans le mé chemin.

LA DUCHESSE.

Ah ! qui est-ce, Ascanio ? Parlez. M'avez-vous comprise ? Av vous compris, dans nos quelques heures d'entretien, tout ce qu luxe et le pouvoir cachaient en moi de tristesse et d'ennui ? A vous compris qu'à mes yeux, un cœur poétique et généreux com le vôtre valait mieux que tout, splendeurs et grandeurs, mie que la puissance d'une reine, mieux que l'amour d'un roi ? — V voyez bien que vous pouvez me dire qui vous aimez, Ascanio

ASCANIO.

Qui j'aime, madame ? Une jeune fille. Une jeune fille de se ans. Pure et belle, voilà pour mon adoration ; riche et noble, vo pour mon désespoir.

LA DUCHESSE.

Ah ! — vraiment ! — et qui est cette — jeune fille ?

ASCANIO.

Je n'ai dit son nom à personne, pas même à mon maître, m dame ! il n'est su que de Dieu et de ma mère qui est morte.

LA DUCHESSE.

Et — cette jeune fille — vous aime ?

ASCANIO.

Comment aurais-je seulement osé le lui demander, madame

LA DUCHESSE, *vivement*.

Elle ne s'est pas aperçue de votre amour ; elle ne vous aim pas ! Comment donc avez-vous le cœur fait, Ascanio, pour aime une enfant ignorante et vaine ?

ASCANIO.

J'ai le cœur ombrageux et exigeant, madame. J'aime cett enfant, je vous l'ai dit, parce qu'elle est candide et pure, e parce que je suis jaloux du passé et jaloux de l'avenir de ce que j'aime.

LA DUCHESSE.

Vous êtes injuste et cruel, Ascanio ! Qui donc est maître d son passé ?

ASCANIO.

Je suis sûr du sien !

LA DUCHESSE.

Qui peut même répondre de son avenir ?

ASCANIO.

Elle ! un ange de pudeur et de chasteté.

LA DUCHESSE.

En vérité ! (*A part*.) Ah ! lui aussi, il veut doubler mo amour de ma haine ! (*Haut*.) Monsieur Ascanio, il y aura, dan trois ou quatre jours, fête au Louvre pour la réception de l'em pereur. Est-ce que mon lys de pierreries pourra être ache pour le bal ?

ASCANIO.

En passant les nuits, oui, madame.

LA DUCHESSE.

Eh bien, vous me l'apporterez vous-même, au Louvre, à cette fête. E pourrons voir alors lequel vaut mieux — du lys des

...ont rien ne ternit d'abord la blancheur, mais que deux
soleils flétrissent, — ou du lys de diamants qui, même
...ême souillé, est toujours sûr de garder sa valeur et son...

ASCANIO.

...Dieu ! madame, que voulez-vous faire ?

LA DUCHESSE.

...verrez. — (*A part.*) Maintenant, il faut à tout prix que
...je sache le nom de cette jeune fille.

SCÈNE VI.

...s MÊMES, SCOZZONE, *qui entre silencieuse et grave.*

SCOZZONE, *bas à la Duchesse.*

...e sais moi, madame ! C'est la fin de mon histoire.

LA DUCHESSE.

...a bonne sœur ! Cette jeune fille s'appelle ?

SCOZZONE.

...ombe d'Estourville.

LA DUCHESSE.

...! tu as raison ! (*A part.*) Le maître et l'élève sont donc
...! (*Haut.*) Au revoir, monsieur Ascanio, dans quatre ou
...jours, au Louvre. En ce moment, j'ai deux lettres à écrire :
...au roi pour l'informer de l'injure nouvelle de Benvenuto
...i, l'autre à votre voisin messire d'Estourville, pour l'avertir
...Sa Majesté et moi, nous donnons notre consentement au
...hain mariage de sa fille Colombe avec M. le comte d'Orbec.

ASCANIO.

...! perdus ! Benvenuto pourra-t-il nous sauver ?

Quatrième Tableau.

BENVENUTO FAIT LA STATUE D'HÉBÉ.

...telier de sculpteur de Benvenuto, au Grand Nesle. Armatures, sellettes,
...bauches, plâtres. Le fond de la pièce est éclairé par une large ouverture
...ounant sur une terrasse du Petit Nesle (praticable).

SCÈNE I.

...AGOLO, HERMANN, SIMON *et autres ouvriers occupés à
monter une châsse,* BENVENUTO, *au fond, regardant dans les
jardins.*

PAGOLO, *dans la châsse.*

Enfin ! la voilà tout à l'heure achevée cette châsse des Ursu-
...nes. Encore un tour de vis, et la serrure à secret sera posée !

BENVENUTO, *à part.*

J'ai perdu trop de temps chez cette femme ! L'heure de la
...romenade de Colombe est passée !

PAGOLO.

Ah çà, prends garde, Hermann ! ne va pas laisser tomber le
...couvercle. C'est qu'une fois là-dessous, je ne serais pas bien sûr
d'y respirer longtemps.

HERMANN, *riant avec largeur.*

Ho ! ho ! il a peur qu'on ne fasse de lui une relique !

BENVENUTO, *à part.*

Je ne l'aperçois pas ! Est-ce que mon soleil ne se lèvera pas
aujourd'hui ?

PAGOLO, *sortant de la châsse.*

Quel superbe travail !

SIMON.

C'est surtout ce bel ange de la prière que j'admire. Ascanio
en nulle part plus de grâce et de mélancolie.

PAGOLO.

Vous trouvez ?

HERMANN.

Celui-là qui dira non, je l'aplatis sur cette enclume-ci avec ce
marteau-là. (*Il frappe de son poing fermé sur l'autre poing.*)

PAGOLO.

Oh ! je ne nie point qu'il ne soit assez gentil, son petit bon-
homme ! un peu mou de dessin, par exemple !

SIMON.

Comment !

HERMANN, *exaspéré.*

Qu'est-ce qu'il a dit ?

BENVENUTO.

Taisez-vous donc, braillards ! (*Apercevant Colombe et à part.*)
O fortune ! la voilà ! (*Aux ouvriers.*) Mes amis, c'est l'heure où
le sculpteur me repose de l'orfèvre. (*Ils sortent. A Pagolo qui
s'est remis au travail avec acharnement.*) Holà, Pagolo, pas tant
de zèle ! Si tu cherches le Saint Georges vainqueur sorti tout armé
de ton cerveau, j'en ai fait le démon grotesque qui grince là, en
bas.

PAGOLO, *à part.*

Aïe ! — Mais grincera bien qui grincera le dernier !

BENVENUTO.

Va-t'en et veille à ce que personne ne me dérange. Personne,
tu entends.

PAGOLO.

Oh ! soyez tranquille, mon bon maître ! (*A part.*) Je vais commencer par lui dépêcher quelqu'un que je sais bien. Et grincera bien qui... (*Il sort.*)

SCÈNE II.

BENVENUTO, *seul, suivant du regard Colombe qui passe dans
les jardins du fond.*

Colombe! Dieu me l'envoie encore une fois, cette vision céleste ! Quelle joie de la contempler ! belle et jolie, pensive, la
tête inclinée, un volume dans ses mains tombantes. Mais elle ne
lit pas le livre, elle a plutôt l'air d'épeler son cœur ! Oh ! la voilà
dans une attitude charmante ! Si je pouvais la saisir et l'ébaucher
ainsi ! Oui, c'est cela, vite, vite. (*Il prend l'ébauchoir et la glaise.*)
Elle passe et repasse, et j'aurai le temps de fixer, sinon les traits,
au moins le mouvement. Mais c'est que c'est tout à fait mon
rêve ! mon rêve de l'Hébé ! Le voilà vivant et céleste, idéal et
réel ! Il n'y a qu'à remplacer le livre par une amphore, et c'est
Hébé descendue de l'Olympe, Hébé que je vais forcer à venir là,
près de moi, sous mes yeux, à la portée de mon cœur ! (*Modelant.*) Ah ! grand poltron ! tu trembles devant cette jeune fille et
depuis quinze jours tu n'as pas seulement osé lui adresser la parole. Mais, par bonheur, vieux praticien, tu es plus familier avec
l'ébauchoir et plus hardi avec l'argile ! (*Se retournant au bruit
de Scozzone qui entre.*) Ah ! tête et sang ! voilà déjà que l'on me
dérange !

SCÈNE III.

BENVENUTO, SCOZZONE.

BENVENUTO, *avec impatience.*

C'est toi, Scozzone ? que veux-tu ? d'où viens-tu ?

SCOZZONE.

Je viens de chez madame d'Étampes, Benvenuto.

BENVENUTO.

Ah ! j'en arrive aussi, moi... Je l'ai bien arrangée, ta duchesse ! Mais que viens-tu faire ici ?

SCOZZONE, *montrant les premières lignes qu'il ébauche.*

Qu'est-ce que vous allez faire là, vous ?

BENVENUTO, *toujours modelant.*

C'est une esquisse de mon Hébé. Après ? Ne savais-tu pas que
je faisais une Hébé ?

SCOZZONE, *poussant bruyamment un tabouret et venant s'asseoir
aux pieds de Benvenuto.*

C'est juste, mais vous disiez que ce type introuvable, vous le
cherchiez toujours. Il paraît que vous l'avez enfin trouvé. C'est à
merveille ! Je vous en félicite. Rien, selon vous, d'assez suave
d'assez frais, d'assez pur, au monde, n'approchait de ce songe de
vos nuits et de vos jours.

BENVENUTO, *avec impatience.*

O mon Dieu ! mon Dieu ! mon Dieu !

SCOZZONE.

Quant à moi, il était bien entendu que je n'avais ni la grâce,
ni la jeunesse qu'il fallait. C'est tout simple ! On n'est pas artiste
et grand artiste pour prendre ce qu'on a si près, à soi, sous la
main. On s'inquiète, on va, on fait des invocations, des vers,
que sais-je ! Si bien qu'un jour Hébé apparaît, sous une forme
humaine, à son adorateur, et daigne venir poser elle-même, com-
plaisante et souriante devant lui. Ah ! je suis impatiente de la
voir, cette sublime déesse ! J'ai bien le droit d'être curieuse, —
moi qui ne suis qu'une femme.

* La curieuse singularité d'un grand comédien qui soit en même temps
un habile et rapide sculpteur comme M. Mélingue, et qui puisse réellement improviser une statuette en un quart d'heure, ne doit pas sans doute
se retrouver d'ici à longtemps sur les théâtres des départements et de Paris.
Mais la scène n'en est pas moins possible à rendre. Seulement, au lieu de
construire à mesure la statue, sur une simple armature de bois, l'acteur dé-
gagera, avec l'ébauchoir, d'une masse d'argile, une statue toute faite en
dessous, et à laquelle on aura donné la couleur de la terre,—la statue même
de M. Mélingue, si l'on veut, — car on s'occupe de mouler cette élégante
et gracieuse figurine. D'ailleurs, il y a partout des plâtres de l'Hébé.

BENVENUTO.
Tu n'es pas seulement curieuse, Scozzone, tu es jalouse.
SCOZZONE, *éclatant.*
Vous êtes amoureux, vous !
BENVENUTO.
Eh bien ! quand cela serait ! Vous ai-je trompée, Scozzone ? Le jour où vous êtes venue à moi, ne vous ai-je pas loyalement avertie ? Ne vous ai-je pas dit quelle affection je pouvais vous donner ? Aujourd'hui, vous venez m'épier, m'interroger, me jeter. De quel droit ?
SCOZZONE.
De quel droit ! Vous m'avez dit d'avance, c'est vrai, comment vous m'aimeriez. Mais vous m'avez laissé vous aimer. Et puis, vous juriez que votre âme était prise tout entière par votre art et par le souvenir d'une morte. Il paraît qu'il restait encore une place dans ce cœur si plein.
BENVENUTO.
Scozzone ! Scozzone ! ne m'irritez pas ! Vous êtes injuste ! j'ai tenu envers vous toutes mes promesses. C'est vous qui oubliez les vôtres... —Ah ! cette terre est détrempée ! —On ne peut donc pas travailler tranquille !
SCOZZONE.
C'est bon ! je comprends. Je vous laisse. Mais vous n'êtes pas quitte, Benvenuto !
BENVENUTO.
Ecoutez, Scozzone, je ne vous conseille pas d'être mauvaise et volontaire avec moi, car, en fait d'âpreté, vous pourriez bien avoir trouvé votre maître.
SCOZZONE.
En vérité ? Parce que vous êtes fort et que je parais faible, n'est-il pas vrai ? Je ne vous dis plus qu'un mot : Ne vous y fiez pas !
BENVENUTO.
Des menaces ! Prends garde à toi, Scozzone !
SCOZZONE.
Prends garde à celle que tu aimes, Benvenuto ! (*Elle sort toute sombre et courroucée.*)

SCÈNE V.
BENVENUTO, *seul, toujours modelant.*

La pauvre âme ! elle souffre. Mais je n'aurai pas la cruauté d'avoir de la compassion. O triste joie humaine, toujours faite de la douleur d'autrui ! Pourtant—ce n'est pas ma faute—je ne peux m'empêcher d'être heureux en ce moment. Je sens tressaillir déjà dans ces masses difformes, ma statue et mon amour, mon désir et mon idée, la femme et la déesse. Ah ! quelle ivresse ! réaliser ce qu'on rêve, créer ce qu'on adore ! — Chaste vierge, qui t'en vas rêveuse par ces jardins, tu ne te doutes guère qu'en cette minute, tu es à moi, ma Colombe-Hébé ! — Oh ! je t'aime, et je t'envoie mon âme dans ce baiser ! — Eh bien ! eh bien ! Benvenuto, tes cheveux grisonnent, et tu te conduis en enfant et tu aimes une enfant ! Entre nous, es-tu dans ton droit de battre, vieux cœur ? Es-tu dans ta raison ? Qui te le dira ?

SCÈNE V.
BENVENUTO, ASCANIO.

ASCANIO, *sans voir d'abord Benvenuto.*
Ah ! depuis une heure, depuis que je sais cette fatale nouvelle, j'ai vainement cherché à voir Colombe. Elle est dans les jardins, sans doute. Mais c'est Benvenuto seul qui peut nous sauver.—Le voici !—Maître Benvenuto ! Il ne m'entend pas, il ne m'aperçoit pas. Jamais je ne l'ai vu plus ardent et plus absorbé dans son travail et dans son inspiration ! Saint travail, inspiration bénie qui est sa force et qui sera notre salut ! Il est tout entier à la sculpture, lui ! Ah ! je ne sais pas pourtant s'il faut l'envier ou s'il faut le plaindre.
BENVENUTO.
Ascanio ! Tu étais là, mon enfant ?
ASCANIO.
Je vous dérange ?
BENVENUTO.
Toi ! tu ne me déranges jamais ! — Tiens, cherche un peu là, dans la boîte aux amphores. Donne-m'en une, la plus petite.
ASCANIO.
Voici, maître.
BENVENUTO.
Eh bien ! et la duchesse ?
ASCANIO.
Maître, vous me paraissez si fort occupé !

BENVENUTO.
Au contraire. Tu n'es jamais venu plus à propos. Ma p t'appelait. J'ai une confidence à te faire, ami.
ASCANIO.
Au sujet de cette entrevue avec madame d'Étampes, je v aussi vous en faire une, maître.
BENVENUTO.
J'ai un service à te demander.
ASCANIO.
Je venais aussi en réclamer un de vous.
BENVENUTO.
Tant mieux, mon enfant ! Parle.
ASCANIO.
Oh ! non, avant tout, je vous écoute, cher maître.
BENVENUTO.
Soit. Tu as sans doute besoin que j'agisse ; j'ai seule besoin que tu m'entendes. Si tu ne me blâmes pas, je répo reste. J'ai laissé parfois mon esprit s'arrêter au doute main jamais !
ASCANIO.
Parlez, maître.
BENVENUTO, *qui continue à modeler.*
Tu connais l'histoire de Dante, Ascanio, puisque tu es rentin. Mais j'aime à rappeler comme un jour notre poëte-verain vit passer dans la rue Béatrice, et l'aima. Cette e mourut et il l'aima toujours ; car c'était son âme qu'il aima les âmes ne meurent point. Seulement il la ceignit le d'une couronne d'étoiles et la mit au Paradis. Ascanio, tu que j'ai eu aussi ma Béatrice, morte comme l'autre, co l'autre chastement adorée. Elle se nommait Stéphana !
ASCANIO.
C'était ma mère. Je sais, maître, que nous nous aimons l'autre en elle.
BENVENUTO.
Eh bien ! Ascanio, les passions du monde ont paru sou emporter ma vie, et je les laisse faire parce que je sens b moi, que je les mène. Mais dans tous ces ouragans de pl que j'ai traversés, mon adoration pour Stéphana est touj restée intacte et pure. Et si j'ai fait quelque chose de bien, matière, argent ou argile, prend sous mes doigts l'idéal vie, si j'ai parfois réussi à mettre la beauté dans le marbre réalité dans le bronze, c'est que ma rayonnante vision m'a jours depuis quinze ans guidé, soutenu, éclairé.
ASCANIO.
Ma sainte mère ! mon noble maître !
BENVENUTO.
Oui, mais vois-tu, Ascanio, il y a peut-être des différen entre le poëte et le statuaire, entre le ciseleur d'or et le cisel d'idées. Dante rêve, moi j'ai besoin de voir : on comprend créations, on touche les miennes. C'est pourquoi, dis-moi, As nio, si une nouvelle Béatrice s'offrait à moi, vivante sur la ter et si je lui donnais place dans mon adoration, crois-tu que serais ingrat et infidèle à mon idéal ? crois-tu que l'ange se jaloux de la femme ? Ascanio, c'est au fils de Stéphana que jo demande, et je tremble en attendant ta réponse, comme si c'ét Stéphana elle-même qui me répondît.
ASCANIO, *doucement et gravement.*
Maître, je suis bien jeune pour donner un avis sur ces hau idées. Pourtant je pense, du fond du cœur, que vous êtes un ces hommes choisis que Dieu conduit. Et ce que vous trouv sur votre chemin, ce n'est pas le hasard qui doit l'y avoir m c'est la Providence !
BENVENUTO.
Tu crois cela, Ascanio ! tu me justifies ! Stéphana me pe donne ! Ah ! désormais je suis sûr de l'avenir et de moi-mêm Tu as comme légitimé mon espérance. Tiens, embrasse-m Ascanio. (*Il l'embrasse.*)
ASCANIO.
Mon bon et cher maître !
BENVENUTO.
Et maintenant, vois-tu, je continue plus joyeux et plus co fiant ma statuette. Je t'ai dit qu'elle fait partie de cette histoi de mon cœur que je te conte, mon enfant. Et, tiens, pour préparer à la surprise, c'est une esquisse, un souvenir, d'apr cette jeune belle que j'aime.
ASCANIO.
Vraiment ! Oh ! dépêchez-vous alors, que je la voie.
BENVENUTO.
Mais, Ascanio, elle est riche, elle est noble, son père tie une des premières dignités de la ville.

ASCANIO.

...e n'est rien pour vous, cela ! Vous avez tout pouvoir ! ...es bien heureux, vous ! Vous ferez au roi deux ou trois ...t quatre ou cinq vases de plus, voilà tout. Ou bien vous ...u'à accomplir cet ardent désir de Sa Majesté, et à fondre ...même une de vos statues. Envoyez au roi votre Jupiter ...n bronze, sous vos ordres, par des ouvriers français, et, ...et prix, demandez lui cette jeune fille. Il ne serait pas ...is 1er s'il vous la refusait !

BENVENUTO.

...une idée, cela ! Mais elle, Ascanio, m'aimera-t-elle ?

ASCANIO.

...le vous aimera !... (*A part, regardant l'ébauche de Benve*... C'est singulier ! Comme on a bien raison de dire que l'on ...rtout l'image adorée ! De ces lignes encore vagues, j'ima... ...is presque une attitude, une ressemblance... ...e suis fou ! (*Haut.*) Si elle vous aimera, Benvenuto ! Com... ...ne vous aimerait-elle pas ! Elle vous aimera à cause de ...d'abord, et puis à cause d'elle-même, parce que vous serez ...orieuse preuve de sa beauté, parce qu'elle se verra com... ...adorée, immortalisée par vous. (*D'une voix de plus* ...us altérée, *tandis qu'il suit des yeux les progrès de la* ...e.) D'ailleurs, si vous avez dit : Je le veux ! — chaque fois que ...avez prononcé ce mot, vous savez bien que vous avez tou... ...réussi. (*Avec effort.*) Elle sera à vous, maître ! (*A part.*) ...c'est vraiment étrange ! (*Haut.*) Excusez-moi, maître ; ...vous souvenez, quand j'étais petit, je voulais tout de suite ...ir la fin des contes. Maître, de grâce, le nom de celle que ...aimez ?

BENVENUTO.

...on nom ? Eh bien ! c'est...

SCÈNE VI.

Les Mêmes, D'ORBEC, *amené par* PAGOLO.

PAGOLO.

Entrez, monsieur le comte, entrez. — Maître, c'est monsieur ...comte d'Orbec qui veut absolument vous parler.

BENVENUTO, *à part, maugréant*.

La peste étouffe l'importun, (*jetant un regard de travers sur* ...agolo) avec le traître qui l'amène !

PAGOLO, *à part*.

Hi ! hi ! hi ! il est furieux ! un bon tour ! (*Il s'esquive.*)

D'ORBEC.

Maître Cellini, je vous salue. Je trouble votre travail, peut-... ...ro ?

BENVENUTO, *sèchement, sans quitter son travail*.

Je travaille en effet, monsieur. Je ne vous offre pas de vous ...sseoir.

D'ORBEC.

Je le vois bien. Ne vous gênez pas, je m'assieds.

ASCANIO, *à part*.

Oh ! quel supplice ! Mais je me trompe, il faut que je me ...trompe ! Voyons s'il la reconnaîtra, lui ! (*Il observe à la fois le Comte et les progrès de la statue.*)

D'ORBEC.

C'est une statue de femme que vous faites là, monsieur.

BENVENUTO.

Vous l'avez deviné, monsieur. — L'affreux cuistre ! — Mais à quoi dois-je l'honneur très-inattendu de votre visite, monsieur ?

D'ORBEC.

Ah ! vous prenez comme cela la terre avec vos mains.

BENVENUTO.

A même et sans gants, mon Dieu, oui ! Je fais le métier que ...nous enseigna Dieu le père, il y a quelque six mille ans, quand il fabriqua l'homme avec de la boue. *

ASCANIO, *à part*.

Il ne la reconnaît pas ! Et pourtant cette fatale ressemblance augmente de seconde en seconde avec mon désespoir !

BENVENUTO.

Vous dites donc, monsieur le comte, que vous venez ?...

D'ORBEC.

Monsieur, vous avez gravement insulté madame la du-...chesse d'Étampes, dont j'ai l'honneur d'être le serviteur et l'ami.

BENVENUTO, *marchant vers lui avec ses mains pleines de terre*.

Ah ! et vous venez me demander réparation de l'insulte ? A la bonne heure !

* L'acteur dit à la représentation : « Je fais ce que fit le Créateur, il y a quelque six mille ans, quand il forma l'homme avec de la boue. »

D'ORBEC, *reculant*.

Mais non, monsieur, mais non ! Madame d'Étampes a bec et ongles pour se protéger elle-même, Dieu merci ! et son second est autrement fort que moi !

BENVENUTO.

Alors, expliquez-vous, monsieur. (*A Ascanio qui s'est appro-ché de la statue.*) Tout à l'heure ! tout à l'heure ! attends un peu, Ascanio, tu vas commencer à la reconnaître.

ASCANIO.

Mon Dieu ! maître, je la connais donc ?

BENVENUTO, *haut, à d'Orbec.*

Eh bien ! monsieur, vous êtes muet ?

D'ORBEC.

Je regarde cette figure. Est-ce que c'est un portrait ?

BENVENUTO.

Oh ! monsieur, tout au plus une esquisse.

D'ORBEC.

Mais, monsieur, cette figure ressemble... ressemble à quel-qu'un.

BENVENUTO.

Monsieur, vous me flattez.

ASCANIO, *à part.*

Ah ! il l'a reconnue.

D'ORBEC.

Plus de doute ! cette attitude, ces traits ! Vous connaissez cette jeune fille, monsieur ?

BENVENUTO.

Apparemment, je n'ai aucune raison pour le taire.

D'ORBEC.

Et c'est ?...

BENVENUTO.

Un ange charmant et doux dont je suis profondément et reli-gieusement épris.

D'ORBEC.

Vous ?

BENVENUTO.

Moi. — Ascanio ! Eh bien ? à quoi penses-tu ? Là ! Voilà qui est à peu près indiqué.

ASCANIO.

Je l'ai reconnue, maître, je l'ai reconnue.

D'ORBEC.

Moi-même, je pourrais nommer l'original. C'est Colombe d'Estourville !

BENVENUTO.

C'est vrai, monsieur le comte.

D'ORBEC.

Monsieur, savez-vous ce que je suis à cette jeune fille dont vous êtes si ardemment épris et dont vous faites si facilement la statue ?

BENVENUTO.

Un ami de son père, je crois.

D'ORBEC.

Son fiancé, monsieur. Je l'épouse la semaine prochaine.

BENVENUTO.

Vous ?

D'ORBEC.

Moi !

BENVENUTO.

Cela ne se peut pas ! cela ne sera pas !

D'ORBEC.

Et qui donc l'empêcherait ?

BENVENUTO.

Mais monsieur d'Estourville tout le premier.

D'ORBEC.

Il consent.

BENVENUTO.

Colombe.

D'ORBEC.

Oh ! elle obéit à son père !

BENVENUTO.

Le roi alors, mon grand roi que j'irai trouver, et à qui...

D'ORBEC.

Pardon, je ne vous ai pas dit encore, monsieur, pourquoi je suis venu ici.

BENVENUTO.

Ce n'est pas faute, monsieur, que je vous l'ai assez demandé.

D'ORBEC.

Je viens de la part de Sa Majesté, monsieur, et Sa Majesté vous mande ceci : « Cellini, mon orfèvre, qui fait toujours d'admirables œuvres, restera en France, au service du roi ; mais Benvenuto, mon ami, qui m'a blessé dans mes plus chères affections, ne sera plus jamais reçu au Louvre. »

BENVENUTO.

Le roi a dit cela ? — Répondez au roi, de ma part : Benvenuto Cellini n'est pas son sujet ; il est Florentin, et il retournera sous huit jours à Florence.

D'ORBEC.

Soyez assuré, monsieur, que votre commission sera exactement remplie. (Il salue et sort.)

ASCANIO.

Maître, qu'avez-vous dit ? qu'avez-vous fait ?

BENVENUTO, douloureusement.

Ah ! plutôt, qu'a dit et qu'a fait le roi ? (Il s'approche d'un seau et lave ses mains trempées de terre. Changeant de ton.) C'est égal, Ascanio, ma petite figure n'est pas mal venue, n'est-ce pas ? (Colombe reparaît dans l'allée. Oh ! mais ne la regarde plus ! elle s'efface, elle s'éteint. Vois là-bas la lumière, dont elle n'est que le reflet. (Tournant autour d'Ascanio.) Eh bien ! Ascanio, qu'as-tu donc ? tu es tout pâle ! Oh ! pardonne-moi, égoïste et ingrat que je suis ! j'avais oublié ton inquiétude, à toi. Parle, parle ! pour toi aussi, ce que je veux, je le peux.

ASCANIO.

Non, Benvenuto ; il est des choses qui sont au pouvoir de Dieu seul, et je laisserai mon secret entre ma faiblesse et sa puissance. — Adieu. (Il se dirige vers la porte.)

BENVENUTO.

Ascanio ! mon enfant ! (Il fait quelques pas vers Ascanio, puis s'arrête.) O Colombe ! qu'elle est belle !

ACTE III.

Cinquième Tableau.

CHARLES-QUINT AU LOUVRE.

Fête au Louvre, salles splendides magnifiquement éclairées.

SCÈNE I.

DAMES et SEIGNEURS passant au fond du théâtre, BENVENUTO et ASCANIO se présentent à la porte de gauche.

UN CAPITAINE DES GARDES, leur barrant le passage.

On ne passe pas !

BENVENUTO.

Je suis Benvenuto Cellini, orfèvre du roi. Je ne viens pas à la fête que le roi donne ce soir à l'empereur Charles-Quint, je vais chez la reine lui rendre compte d'une commande qu'elle m'a faite. Ce jeune homme est Ascanio des Gaddi, mon élève.

LE CAPITAINE.

Monsieur Ascanio des Gaddi, entrez, il y a ordre de madame la duchesse d'Étampes de vous introduire. Mais vous qui vous dites orfèvre de Sa Majesté, vous n'entrerez pas.

BENVENUTO.

Est-ce aussi par ordre de madame d'Étampes ?

LE CAPITAINE.

Ordre du roi.

BENVENUTO.

Ordre du roi d'expulser du Louvre Benvenuto Cellini ! C'est donc vrai, c'est donc possible ! — Allons !

ASCANIO.

Oh ! je vous suis, maître.

BENVENUTO.

Non, reste, toi, Ascanio. Tu étais triste ce matin, amuse-toi un peu à ce spectacle de la cour. Madame d'Étampes y prépare, je crois, une scène à la cour. Elle veut que François 1er retienne Charles-Quint prisonnier — par surprise. Mais moi, au moment même où François 1er me blesse, je jure Dieu que le roi-gentilhomme a trop d'honneur et trop de seigneurie pour fausser sa parole ou vendre son hospitalité. N'importe ! cette comédie te distraira. Et sois tranquille, je sais le moyen de revenir y prendre mon rôle. A tout à l'heure, Ascanio. (Il sort.)

SCÈNE II.

ASCANIO, puis LA DUCHESSE et COLOMBE.

ASCANIO, seul.

Me distraire à cette comédie ! Ah ! ma vie et mon âme y sont en jeu. Du moins j'aime trop Colombe pour que mes vœux hé Plutôt qu'à ce d'Orbec qu'elle soit à Benvenuto ! Mais q celle qui me réduit à ce souhait, oh ! comme je lui rends pour amour ! Dieu du ciel ! la voici et Colombe avec elle ! (E la Duchesse et Colombe.)

LA DUCHESSE.

Ah ! l'on m'avait dit que vous étiez ici, monsieur Ascan vous cherchais.

COLOMBE, à part.

Ascanio !

LA DUCHESSE.

M'apportez-vous mon lys ?

ASCANIO.

Madame, le voici. (Il présente un écrin.)

LA DUCHESSE, examinant le lys de pierreries.

Ce lys, Ascanio, est ravissant. D'un art exquis, et en n temps d'une surprenante vérité ! Vous avez là dans votre quet un lys naturel, mademoiselle. Permettez que je com — Ascanio, vous vous rappelez ce que nous disions l'autre (Lui présentant les deux lys.) Voyons, décidément, lequel d deux lys aimez-vous le mieux ? Choisissez !

ASCANIO.

Madame, j'ai composé celui-ci avec tout mon soin et t ma science. Il est riche, il est radieux, il éblouit. Mais la vraie fleur sincère et pure et venant de Dieu, celle qui parfum, celle qui a une âme, celle que j'aime le mieux, dame.

LA DUCHESSE.

Ah ! voyez, monsieur, la chose étrange ! vous avez fait ro cette jeune fille, et vous m'avez fait pâlir, moi ! Mais, mal reux, mais, insensé, cette pureté que tu vantes, on la froiss on la ternit aussi aisément que cette fleur. Tiens ! la blanc de ce lys, elle dépend aussi de la main qui le touche !

COLOMBE.

Oui, madame, mais Dieu permet toujours qu'on puisse év la main du mal !

LA DUCHESSE.

Eh ! vous êtes à la cour, ma mie ! Croyez-vous que la cour l'école du bien ? Oubliez-vous que tout à l'heure, devant v monsieur d'Estourville et monsieur d'Orbec me remettaient vous tous leurs pouvoirs ?

COLOMBE.

Je ne vous comprends pas, madame !

LA DUCHESSE.

Alors, interrogez le premier seigneur venu ! Interrogez A nio lui-même. Tenez, il se tait !

ASCANIO.

Non, madame ! vous m'y entraînez, je parle. Et je dis cet ange : Oui, c'est vrai, dans cette atmosphère d'inrigu de vice, de graves dangers, de terribles douleurs vous menace Pour les conjurer, je suis bien peu de chose ! Mais si contre haine et la corruption, vous avez besoin d'un cœur tout plein dévoûment et de respect, — sachez-le ici pour la première fois, devant madame, — ma vie est à vous ! je vous aime !

LA DUCHESSE.

Ah ! monsieur, voilà un sanglant outrage !

COLOMBE.

Dites un généreux élan, madame ! — Mais, sans y avoir cours, j'aurai toujours contre le déshonneur des refuges assuré la protection de ma tante, un couvent, la maison du Seigneu

LA DUCHESSE.

Ah ! n'est pas au Seigneur qui veut, en ce monde ! Est-qu'on vous laisserait aller au couvent, ma chère ? Est-ce qu' ne vous y réclamerait pas au nom du roi et de votre père ? Voyons, quel autre asile auriez-vous encore ?

COLOMBE.

Quel autre, madame ? quel autre ? Ce pur et noble amo qui vient de se révéler à moi. Dieu et ma mère me sont té moins qu'un tel aveu ne se serait jamais échappé de mon cœur Mais c'est vous, — oui, c'est vous qui l'en arrachez ! — Ascan vient de dire qu'il m'offrait sa vie, parce qu'il m'aimait. E bien ! au besoin je l'accepterais, — parce que je l'aime !

ASCANIO, s'élançant vers Colombe et prenant sa main.

Colombe ! ah ! joie céleste ! Pardonnez-nous, madame, n'est pas notre faute ! mais est-ce à ce que votre toute puis sance voulait produire ?

LA DUCHESSE.

Ah ! malheureux ! vous me bravez, vous m'outragez. Vous

...rez pas jusqu'où peut aller ma colère! Détournez-la si ...pouvez!
ASCANIO.
...n pas moi, mais Benvenuto Cellini! (*Les deux cours de ...çois I*er *et de Charles-Quint paraissent dans la galerie du* ...)
LA DUCHESSE.
...nvenuto! Il est chassé du Louvre par le roi!
ASCANIO.
...e voici qui vient dans la suite de l'empereur, madame.
LA DUCHESSE.
...h! c'est vrai! Ah! c'est donc une guerre à mort? Eh bien, ...à mort!

SCÈNE III.

Mêmes, LE ROI, L'EMPEREUR, BENVENUTO, TRIBOU-
LET, LES DEUX COURS DE FRANCE ET D'ESPAGNE.

LE ROI.
Soyez le bien venu au Louvre, mon frère. L'hôtel des rois de ...nce se réjouit d'être l'hôtellerie du roi d'Espagne. (*Présen-*
...nt la Duchesse.) Madame d'Etampes. —Vous voyez cette belle ...me, mon frère?

L'EMPEREUR.
Je la vois et je l'admire.

LE ROI.
Eh bien! vous ne savez pas ce qu'elle veut?

L'EMPEREUR.
Est-ce une de mes Espagnes? Je la lui donne.

LE ROI.
Non, ce n'est pas cela. Elle veut que je vous retienne à Paris ...usqu'à ce que vous ayez ratifié, par des actes, la parole que ...vous m'avez donnée au sujet du Milanais.

L'EMPEREUR, *froidement*.
Si l'avis est bon, il faut le suivre.

LE ROI, *à Triboulet qui s'avance et le salue*.
Ah! c'est toi, Triboulet. Que veux-tu, mon bouffon?

TRIBOULET.
Sire, je viens solliciter de Votre Majesté la permission de lui dédier ce livre que je vais faire imprimer?

LE ROI.
Oui da! Triboulet auteur! Et quel est le titre de ton livre?

TRIBOULET.
L'Almanach des Fous. Ce sera la liste des plus grands fous que la terre ait portés. J'ai déjà écrit sur la première page le nom de l'Empereur des fous passés, présents et futurs. Votre Majesté peut lire.

LE ROI.
Voyons. (*Lisant.*) Comment! *Charles-Quint.* (*Riant.*) Oh! tu es audacieux bouffon! Et pourquoi Charles-Quint?

TRIBOULET.
Sire, parce qu'il n'y a que votre frère Charles-Quint au monde qui, vous ayant tenu prisonnier à Madrid, soit assez fou pour traverser maintenant le royaume de Votre Majesté.

LE ROI.
Cependant, s'il le traverse sans encombre.

TRIBOULET.
Oh! alors je lui promets d'effacer son nom pour en mettre un autre à la place.

LE ROI.
Et quel sera ce nom?

TRIBOULET.
Le vôtre, sire. Car en laissant passer Charles-Quint, vous aurez encore été plus fou que lui!

LE ROI, *riant, à l'Empereur*.
Vous entendez Triboulet, mon frère!

L'EMPEREUR, *d'un air comme distrait*.
Oui, ce drôle est plaisant (*Reprenant avec admiration.*) Ah! je vous trouve heureux, mon frère, et parfois je vous envie. Comme vous avez une cour spirituelle, joyeuse et brillante! La mienne, vous l'avez vue, est bien sérieuse et bien austère. C'est une grave assemblée d'hommes d'État et de capitaines: Lannoy, Pescaire, Antonio de Leyva. Tandis qu'autour de vous, les poètes, les artistes: Marot, Rabelais, Delorme, Primatice, fleurissent parmi les belles et les charmantes: Marguerite de Navarre, Catherine de Médicis, Anne d'Étampes. De notre côté, voyez, les pourpoints noirs et les fronts pâles. Du vôtre, les visages souriants et les couleurs réjouies. Ah! mon frère, vous avez le ciel et encore vous nous disputez la terre!

LA DUCHESSE.
Pardon, sire, il me semble que Votre Majesté a pris à notre pléiade une de ses plus vives étoiles! N'est-ce pas Messer Benvenuto Cellini, que j'aperçois dans votre suite?

LE ROI.
Cellini au Louvre! Il a osé y entrer malgré mes ordres!

BENVENUTO, *s'avançant*.
Il est vrai qu'on a refusé de m'y recevoir comme serviteur du roi; mais on m'a admis comme serviteur de l'empereur.

L'EMPEREUR.
C'est vrai, mon frère; si vous n'avez plus besoin de lui, je me glorifierai de l'attacher à moi.

LE ROI, *à Benvenuto*.
Pour qu'il soit à votre service, mon frère, l'ai-je délié du mien? Il y a rébellion de sa part. Prenez-y garde, Benvenuto. A de tels jeux, on risque sa tête.

BENVENUTO.
Votre Majesté se méprend; ce n'est pas la tête de Benvenuto qui vaut quelque chose, c'est sa main. Sa vie pourrait vous être utile et glorieuse, à quoi vous avancerait sa mort?

LE ROI.
En attendant, une bonne prison d'État peut m'assurer de vous.

BENVENUTO.
Les fauvettes ne chantent pas en cage, sire. Une prison est un mauvais atelier. Pour moi qui en sors, je n'ai jamais pu y préparer et y achever un ouvrage.

L'EMPEREUR.
Lequel donc!

BENVENUTO.
Mon évasion, Sire!

L'EMPEREUR.
Allons, soyez généreux, mon frère, pardonnez-lui, ou bien — donnez-le-moi.

LE ROI, *vivement*.
Vous le donner! vous allez vite, mon frère! Vous mettez-vous à conquérir aussi le pays des orfèvres?

L'EMPEREUR.
Eh! ce ne serait pas une guerre sans gloire, celle qui aurait un grand artiste pour prix. Mais je ne vous demande qu'un échange, mon frère. Puisque je vous promets le Milanais, laissez-moi Cellini.

LE ROI, *avec un peu d'aigreur*.
Le Milanais! Je ne l'ai pas encore, le Milanais, mon frère, — pas plus que vous n'avez votre liberté.

L'EMPEREUR, *tranquillement*.
J'ai mieux que ma liberté, j'ai votre parole.

LE ROI.
Avez-vous toujours tenu la vôtre? C'est vous, mon frère, qui provoquez ce débat que je voulais ajourner!—Mesdames, nous vous rejoignons pour le bal. Vous, demeurez, Benvenuto, puisque vous êtes mêlé à ce litige.

LA DUCHESSE, *bas au Roi*.
Sire, je reste, car il ne faut pas que vous cédiez à cet insolent Benvenuto.

LE ROI, *bas, avec quelque impatience*.
Je ne veux pourtant pas non plus céder ce grand Benvenuto, madame. (*Tous sortent.*)

SCÈNE IV.

LE ROI, L'EMPEREUR, LA DUCHESSE, BENVENUTO.

LE ROI.
D'abord, mon cher frère, si je vous aide contre les Gantois révoltés, ce n'est pas une raison pour vous liguer contre moi avec le mutin que voilà!

L'EMPEREUR.
Qu'a-t-il donc fait, voyons?

LE ROI.
Mais il m'a gravement offensé, en offensant une personne qui m'est chère.

BENVENUTO.
Oh! Sire, je suis tout dévoué à Votre Majesté. —Une preuve, tenez. Vous avez dit souvent vous-même que vos fondeurs français sont encore inexpérimentés et qu'on ne leur peut confier aucun ouvrage d'importance.

L'EMPEREUR.
Hélas! nos fondeurs d'Espagne ne sont pas plus experts.

LE ROI.
Ah! les fondeurs d'Espagne?...

L'EMPEREUR.
On me dit qu'il n'y a que les fondeurs d'Italie.

BENVENUTO.

Eh bien! savez-vous, Sire, quelle proposition hardie je venais vous faire. Je voulais prendre l'initiative et donner la leçon avec l'exemple. Ma statue de Jupiter, qui est toute prête pour la fonte, je voulais, à mes risques et périls, la couler moi-même en bronze, former les ouvriers par l'œuvre et créer en France cette école de fondeurs qui lui manque.

L'EMPEREUR.

Ah! que ne venez-vous réaliser cette idée à Madrid!

LE ROI.

Hé, mon frère, encore une fois, il ne s'agit pas de Madrid, ais de Paris, — n'est-ce pas, Benvenuto?

BENVENUTO.

Sire, l'entreprise que je tente avec des auxiliaires si incertains, est bien audacieuse. Ma réussite serait une gloire pour la France; mais un échec serait ma honte. Je n'aurais plus qu'à m'enfuir, à me cacher.

LA DUCHESSE, bas au Roi.

Sire, n'allez pas lui pardonner!

LE ROI, bas à la Duchesse.

Madame, il faut pourtant aux grandes nations et aux grands rois, de grands statuaires! (Haut.) Voyons, que demandez-vous, Benvenuto?

BENVENUTO.

Sire, faisons un pacte. Je livrerai cette bataille, et, dans trois jours, j'aurai fondu en bronze le Jupiter. Mais alors, pour ma récompense, votre Majesté me rendra sa faveur et m'accordera, nonobstant toute influence contraire, la grâce que je lui demanderai, quelle qu'elle soit, — une grâce dont la seule attente va tripler mes forces, sire! — une grâce dont dépend peut-être le bonheur de ma vie.

LA DUCHESSE, à part, réfléchissant.

Dans trois jours!

LE ROI.

Eh bien, soit! j'ai toute confiance en vous, Benvenuto; vous faites l'impossible, mais vous ne le demanderiez pas. Dans trois jours, vous me montrerez la statue de Jupiter, fondue sous vos ordres par des ouvriers français, et dans trois jours, votre souhait, quel qu'il soit, sera accompli par moi.

L'EMPEREUR.

Et l'empereur est témoin, signe et approuve.

BENVENUTO.

Je remercie au fond du cœur vos deux Majestés.

LA DUCHESSE, bas au Roi.

Ah! sire, que vous êtes faible!

LE ROI, souriant.

Faible pour la gloire et faible pour vous, madame; vous savez que c'est toute ma force.—En attendant, mon frère, vous m'avez pris Milan, mais vous n'avez pas pu me prendre Benvenuto.

L'EMPEREUR, à part.

Le voilà de bonne humeur, l'instant est favorable.

LE ROI, continuant avec enjouement.

Et, puisque je tiens l'avantage, je le veux garder. Vous me rendrez, s'il vous plaît, Milan, mon cher frère, avant de sortir de Paris.

L'EMPEREUR.

Non, mon frère, vous remplirez votre engagement, vous me laisserez partir dès demain pour aller châtier cette révolte. Et moi, à mon retour, fidèle aussi à ma promesse, je vous livrerai le Milanais.

LA DUCHESSE, bas au Roi.

Ah! cette fois du moins, tenez bon, sire.

LE ROI.

Je vais vous répondre, mon frère, et sérieusement.

BENVENUTO.

Pardon, je me retire, Majesté!

LE ROI.

Non, ne vous éloignez pas, Benvenuto, il faut que vous me donniez des détails sur cette fonte. D'ailleurs, je n'ai rien de secret à dire à l'empereur. (Benvenuto va se promener au fond de la salle.) Mon frère, j'ai trop souvent été jusqu'ici dupe de ma chevalerie; je me battais à armes courtoises contre des lances non émoussées. Aujourd'hui, vous le savez, ce ne sont pas seulement mes ministres qui m'engagent à vous retenir, c'est madame, c'est mon fou, c'est tout le monde.

L'EMPEREUR.

Si vous atten   vous conseillez jamais la grandeur!

LE ROI.

Vous-même ne me soufflez-vous pas cette résolution, en la doutant? Interrogez le premier passant, il n'y a là-dessus qu'un avis en France. Tenez, Benvenuto qui se promène je gage que c'est le sien! N'est-il pas vrai, Benvenuto?

BENVENUTO, au fond.

Oh! Votre Majesté se moque de moi! Est-ce que cela est mon ressort?

LE ROI.

Si! je désire que vous parliez! Pourquoi donc le beau serait si éloigné du juste? Soyez arbitre, à votre tour, Benvenuto.

BENVENUTO.

Moi, Sire, je me récuse.

L'EMPEREUR.

Mais non, parlez, Benvenuto, parlez! (A part.) Que va-t-il dire?

BENVENUTO.

Que moi j'émette une opinion sur les choses de l'Etat?

LE ROI.

Eh! oui, je le veux!

BENVENUTO, s'avançant en riant.

Ce serait donc... comme sculpteur?

LE ROI.

Soit! comme sculpteur.

BENVENUTO.

Mais, Votre Majesté n'a-t-elle pas autour d'elle toutes sortes conseillers, d'hommes d'Etat et de ministres? Chacun son métier, Sire. Ils vous exhortent tous à garder l'empereur prisonnier. Ils doivent avoir leurs raisons, des raisons admirables. Moi, je ne les comprends pas, ce n'est pas leur faute, — ni la mienne, peut-être.

LE ROI.

Comment! vous n'êtes pas de leur opinion, Benvenuto?

BENVENUTO.

Excusez-moi, Sire, est-ce que j'ai une opinion? est-ce que mon opinion compte en politique? Est-ce qu'il faut m'écouter, seulement? Votre Majesté m'a interrogé comme artiste. Vous me demanderiez, Sire, comment il faut prendre votre figure, et c'est de face, de profil ou de trois-quarts, je n'aurais aucune raison de lui dissimuler la vérité. Faut-il répondre sur ce qui ferait bien comme sculpture? Alors, — en vous regardant, — si j'avais à composer votre statue, — je ne sais pas, mais il me semble que vous feriez mieux en chevalier qu'en geôlier.

LE ROI.

Ah! oui, ceci, en effet, n'est pas sérieux.

LA DUCHESSE.

C'est fou! La question d'Etat n'est pas une question d'art.

BENVENUTO.

Eh! madame, à qui le dites-vous? Est-ce que l'intérêt des Etats doit se comparer une seconde à ces frivolités?! Il est entendu, n'est-ce pas, que c'est un tailleur de pierre qui parle. Eh bien! comme homme du métier, je dis seulement que la générosité sied au roi François 1er, que l'honneur va bien à son air, que son geste prête à la grandeur, et qu'il serait dommage qu'on dérangeât sa figure. Affaire d'harmonie, voilà tout.

LE ROI, pensif.

Songez qu'il s'agit d'une province à reconquérir, Benvenuto.

BENVENUTO.

Oh! sire, c'est évident! N'insistez pas là-dessus, de grâce. Mais, voyez-vous, nous autres artistes nous n'avons pas à nous occuper de l'élément qui passe, de l'accident et de l'éphémère. Ce qui reste et ce qui dure, l'ensemble et l'idéal, voilà tout notre souci. N'oubliez pas, Sire, que, pour l'attitude et la perspective, nous devons toujours contempler nos sujets de loin—et de haut.

LE ROI.

Eh! mais, c'est le point de vue de la postérité, cela!

BENVENUTO.

Je ne dis pas non! Mais quant au statuaire, assurément, Sire, il vous concevra plus grand et plus beau, la main ouverte comme la Loyauté, que les sourcils froncés comme l'Astuce. Il y a des gens qui admirent fort le renard, mais moi, soit dit sans vouloir flatter vos deux Majestés, j'ai un faible pour le lion!— Après cela, un roi, j'imagine, ne travaille pas uniquement pour le marbre de son tombeau.

LE ROI.

Mais, si fait, Benvenuto! mais ce que vous définissez là, c'est la gloire!

LA DUCHESSE, *bas au Roi.*

Prenez garde !

LE ROI, *se retournant vers elle.*

...ons, madame, supposons que je manque à gagner le Mi-...aujourd'hui, mais mon successeur pourrait aussi le perdre... N'importe-t-il pas plus à la France de compter à jamais... généreux dans ses annales, que d'ajouter, pour quelques..., une province à ses provinces ? (*A l'Empereur.*) Ô mon... mon frère, l'art parle-t-il déjà de notre vivant, comme... notre mort, l'histoire ?

L'EMPEREUR.

...n frère, j'ai laissé dire Benvenuto et votre conscience.

LE ROI.

...ons ! gardons donc chacun notre attitude et restons ce que... sommes : vous, le premier roi-diplomate ; moi, le dernier... chevalier. Vous êtes riche, Charles, et mon hospitalité n'aura... pour vous de péage comme un pont.

L'EMPEREUR, *après avoir serré la main du Roi.*

...renez ma main, Benvenuto.

BENVENUTO.

...h quoi, Sire !

L'EMPEREUR.

...llez, elle est digne de toucher la vôtre ; c'est celle qui a eu... nneur de ramasser le pinceau du Titien.

SCÈNE V.

...MÊMES, ASCANIO, COLOMBE, D'ORBEC, D'ESTOURVILLE, LES DEUX COURS.

LE ROI, *à haute voix.*

Vous pouvez rentrer, messieurs, j'ai deux grandes nouvelles... vous annoncer. Notre cher frère Charles-Quint quitte Paris... main pour se rendre en Flandre ; et dans trois jours, notre... and orfèvre Benvenuto Cellini nous montre au Louvre la... emière statue fondue en France par des ouvriers français.

LA DUCHESSE, *à d'Orbec.*

Il l'emporte encore, mais notre revanche est prête. (*Haut, pré-...ntant Colombe au Roi.*) Sire, vous m'avez permis de présenter... votre Majesté Colombe d'Estourville, fille de votre prévôt de... aris.

D'ESTOURVILLE.

Et je viens en même temps solliciter de Votre Majesté la per-...mission de la marier.

LE ROI.

Quoi déjà ! une si jeune et si charmante enfant !

D'ORBEC.

Sire, avec le congé de Votre Majesté, c'est moi qui épouserais.

LE ROI.

Ah ! c'est vous, d'Orbec. Allons, madame, vous avez notre agrément, et... nous signerons au contrat. Le jour en est-il fixé ?

LA DUCHESSE, *regardant Benvenuto.*

Oui, Sire, à demain.

ASCANIO, *à Benvenuto.*

A demain, et il vous faut trois jours !

BENVENUTO.

Ah ! Sisyphe, voilà ton rocher qui retombe !

ACTE IV.

Sixième Tableau.

LA CHÂSSE FERMÉE.

Le décor du quatrième tableau. Seulement l'ouverture du fond est fermée par un rideau, et la châsse, transportée dans la chambre voisine, n'est visible que lorsque la portière est écartée.

SCÈNE I.

SCOZZONE, *entraînant par la main* LA DUCHESSE ; PAGOLO *les suit.*

SCOZZONE.

Vous avez voulu tout voir par vous-même, tout faire par vous-même, venez donc ! Benvenuto est avec tous ses ouvriers à la fonderie ; il n'y a pas de danger qu'il vous surprenne ici.

LA DUCHESSE.

Et puis, quand il me surprendrait !

SCOZZONE.

Tenez, voici d'abord cette ouverture qui donne sur les jardins du Petit Nesle. C'est par là qu'il contemplait chaque jour sa Colombe, c'est par là qu'il espère la faire passer aujourd'hui. Mais j'ai su le complot et j'éclate à la fin !

LA DUCHESSE.

Et la châsse, où est-elle ?

PAGOLO.

Derrière ce rideau, madame la duchesse. (*Il va tirer le rideau, la Duchesse s'approche.*)

LA DUCHESSE.

Fort bien ! pouvez-vous soulever le couvercle ?

PAGOLO.

Oui, madame, j'en sais le secret. On n'a qu'à pousser ce bouton, vous voyez.

LA DUCHESSE.

Est-ce que vous croyez, monsieur, qu'une créature humaine pourrait longtemps respirer dans cette châsse ?

PAGOLO.

Madame, le maître lui-même disait qu'on n'y courrait aucun danger pendant plusieurs heures. Mais peu à peu l'air finirait par manquer à la poitrine. De tout être vivant, ce catafalque en un jour, en deux jours au plus, ferait un cadavre.

LA DUCHESSE.

Répétez-moi maintenant ce que vous avez raconté tantôt à Scozzone.

PAGOLO.

Madame, au petit jour, le maître et Ascanio étaient en grande conférence dans la forge et se croyaient seuls éveillés ; mais je me trouvais par hasard derrière le fourneau, et sans avoir certainement l'intention de les épier ou de les trahir !...

LA DUCHESSE.

Abrégeons, ce n'est pas de vos vertus que j'ai besoin.

PAGOLO.

Ah ! très-bien ! Le fait est que je les entendais. Ascanio disait : « Colombe sait le danger affreux dont la haine de madame d'Étampes menace son honneur ; elle est prête à tout, même à la mort, pour s'y soustraire ; mais elle n'a d'autre asile que le couvent des Ursulines où sa tante et la reine la défendraient. Et comment, surveillée, gardée à vue, pourrait-elle s'enfuir de chez son père ? A tout hasard, elle viendra vers deux heures dans son allée. » Benvenuto a répondu : « Tu sais, Ascanio, par où tu pourras pénétrer dans le Petit Nesle et par où tu pourras introduire Colombe dans le Grand. Ensuite, l'art protège l'artiste ; je dois livrer aujourd'hui cette châsse à la supérieure des Ursulines. Nous cacherons dedans Colombe et nous la ferons transporter au couvent. Une lettre de mes ouvriers, remise à sa tante avec la châsse, l'instruira du tout. Rien de plus simple et de plus sûr, et le dernier de mes ouvriers pourra, il, sans même s'en douter, remplir cette commission ; mais, pour plus de certitude, tu t'en chargeras, Ascanio. » Oh ! là-dessus, moi, j'ai compris qu'il y avait là un grand et utile service à rendre à madame la duchesse. Je savais que Scozzone devait être avec vous contre la fille du prévôt, et je lui ai tout dit, pour qu'elle allât tout vous redire.

LA DUCHESSE.

Ce qu'elle a fidèlement fait. Je vous en remercie tous deux, et tous deux vous en serez récompensés, soyez tranquilles !

SCOZZONE.

Madame, déjouez le dessein que nous vous dénonçons, faites conduire cette jeune fille au Louvre ou chez vous avant qu'elle ait vu Ascanio, mariez-la avant que Benvenuto l'ait revue, c'est pour moi tout ce que je demande.

LA DUCHESSE.

La marier ! folle ! Tu veux donc que le grand artiste, comme on l'appelle, exige du roi et du pape l'annulation du mariage ? Il le peut avec cette manie de chefs-d'œuvre qui possède à présent les souverains !

SCOZZONE.

Oh ! vous avez raison.

LA DUCHESSE.

Non, vois-tu, plus de demi-châtiment ! plus de moitié de représailles ! La vengeance serait donc la première passion avec laquelle j'aurais marchandé ! Il ne s'agit plus à cette heure de fortune, de réputation, d'honneur... Il s'agit bel et bien, je les ai prévenus, il s'agit de vie et de mort.

SCOZZONE.

Ah ! ne touchez pas à Benvenuto, madame !

LA DUCHESSE.

Eh ! ni à ton Benvenuto, ni à Ascanio, innocente. Est-ce que

.our mort à eux nous payerait le quart de ce qu'ils nous ont fait souffrir! Ce n'est pas du tout à leur existence que j'en veux, c'est à ce qu'ils ont de plus sensible et de plus tendre, au cœur de leur cœur, à leur bonheur, à leur amour, à leur Colombe! Je les frappe en elle. Trois coups en un seul!

SCOZZONE.

Ah! quant à elle, tant pis! faites ce qu'il vous plaira, madame.

LA DUCHESSE.

Moi! il me plaît tout simplement de mettre en lumière les œuvres du Benvenuto. Il me plaît de lui ménager un triomphe et au roi une surprise. Avant de laisser cette belle châsse s'enterrer aux Ursulines, il me plaît de la faire transporter secrètement chez moi, ensuite au Louvre, pour la montrer à la cour tout entière. Ma haine n'aura rien fait, elle aura laissé faire l'amour de Benvenuto, voilà tout!

SCOZZONE, *effrayée.*

Ah!

PAGOLO.

Santa Maria!

LA DUCHESSE.

Eh bien?

SCOZZONE.

Eh bien!... faites ce que vous voudrez, j'ai la tête perdue.

LA DUCHESSE.

A la bonne heure donc! Je reconnais ma sœur! Ah! nous nous vengerons, va!

PAGOLO, *à part.*

Oimè! mon doux bon Dieu! qu'est-ce que tout cela va devenir?

LA DUCHESSE, *à Pagolo.*

Quant à vous qui vous êtes jeté dans cette affaire, vous n'en sortirez plus, vous ne vous appartenez plus! C'est vous qui accompagnerez la châsse aux Ursulines.

PAGOLO, *à part.*

Diable! (*Haut.*) Mais, madame, Benvenuto va désigner Ascanio pour cela.

LA DUCHESSE.

J'y aviserai. Vous êtes, après Ascanio, celui en qui Benvenuto a le plus confiance.

PAGOLO.

Oui, mais si le maître veut aller livrer la châsse lui-même?

LA DUCHESSE.

Le maître sera consigné ici jusqu'à ce qu'il ait fondu son Jupiter. Le Grand Nesle sera gardé, et personne n'en sortira pendant le temps que durera cette fonte.

SCOZZONE.

Il faudra pourtant que j'en sorte, madame. Quand je tiendrai ma part de vengeance à moi, je ne veux plus rester ici. (*A part.*) Je veux aller m'enterrer vive aussi quelque part.

LA DUCHESSE.

Je te comprends, Scozzone. Tu montreras cette bague au capitaine des gardes, et tu sortiras librement. Alors, reviens à l'hôtel où je t'attendrai, ma sœur; je n'aurai plus besoin de toi ici. Mais j'aurai besoin de vous, Pagolo. Les hommes qui porteront la châsse seront à moi. Quand vous les suivrez, vous me trouverez dehors. J'aurai à vous donner d'autres ordres. J'entends perdre Benvenuto même comme artiste. Il manquera, il faut qu'il manque cette statue de Jupiter.

PAGOLO.

Oh! cela, par exemple, c'est mon affaire.

LA DUCHESSE.

Venez me reconduire. Adieu, Jeanne, à bientôt! Je ne te reverrai que vengée! — Ah! Benvenuto damné, j'ai donc mon tour! On chasse aussi les lions au filet, mon maître! (*Elle sort avec Pagolo.*)

SCÈNE II.

SCOZZONE *seule, puis* BENVENUTO.

SCOZZONE.

Elle est heureuse; sa colère soutient sa douleur. Moi, c'est ma douleur qui soutient ma colère. — Benvenuto!

BENVENUTO, *sans voir Scozzone.*

Fermons d'abord avec soin cette porte. (*Apercevant Scozzone.*) Ah! tu es là, Scozzone!

SCOZZONE.

Oui, Benvenuto; mais ne vous impatientez pas, je n'y serai plus longtemps. M'avez-vous écrit cette lettre de recommandation que vous m'avez promise pour la supérieure des Ursulines?

BENVENUTO.

Scozzone, as-tu bien réfléchi?

SCOZZONE.

J'ai réfléchi.

BENVENUTO.

Si jeune encore, donner pour linceul à ta beauté un v religieuse?

SCOZZONE.

Ma lettre, Benvenuto?

BENVENUTO.

Quoi! es-tu forcée de quitter le monde. Parce que tu quitter cette maison?

SCOZZONE.

Ne dites donc pas, Benvenuto, que je veux quitter cett son, je vous en prie. — Est-elle écrite, cette lettre?

BENVENUTO, *se mettant à une table et écrivant.*

Tout à l'heure. — La supérieure m'a une sérieuse oblig A cause de cette châsse. Elle vous accueillera bien, je l'es Ce qui me console, c'est que vous ne prononcerez pas de d'ici à longtemps. Quoi qu'il advienne, vous savez où vous verez toujours un ami.

SCOZZONE.

Voilà tout? Et c'est ainsi qu'on se sépare! « Brise-toi, cœur, qui t'étais donné à moi! meurs, pauvre être dont j' la vie!... » Non, c'est plus simple encore que cela : « Scoz tu me gênes; va-t'en, Scozzone! » (*Prenant la lettre.*) Eh c'est dit, je m'en vais! (*Elle fait quelques pas pour sortir.*)

BENVENUTO.

Scozzone! — Dieu m'est témoin que j'avais pour vou une a tion véritable, et que mon âme est navrée de cette dure sé tion; mais pour vous-même, pour vous épargner d'autres leurs, je crois nécessaire que vous partiez.

SCOZZONE.

Et même que je me dépêche, n'est-ce pas? Deux heures bientôt sonner, je pense. Votre Ascanio, caché dans les m du Petit Nesle, attend depuis midi votre adorée Colombe. vous l'amener dans quelques minutes, et il est bon que je ne pas là quand vous allez la recevoir.

BENVENUTO.

Ah! tu m'as épié, malheureuse! ah! tu sais cela!

SCOZZONE.

Je sais tout; je sais à quoi vous sert cette issue, à quoi vous servir cette châsse. Je sais tout, vous dis-je, — même ce vous ne savez pas.

BENVENUTO.

Ce que je ne sais pas? Qu'est-ce à dire?

SCOZZONE.

Ah! pauvre grand homme aveugle! tu espères que cette je fille t'aimera, tu crois que ton Ascanio t'aime! On te trom on se sert de toi, on se rit de toi, — stupide génie!

BENVENUTO.

Ascanio me tromper! C'est faux!

SCOZZONE, *à l'ouverture du fond.*

Les voici! — Viens avec moi, là, derrière cette portière, écoute un peu ce que ces amoureux vont se dire. Viens; je suis pas fâchée que tu sentes aussi de quelle dent aiguë la lousie mord le cœur. Mais viens donc!

BENVENUTO.

Ah! si tu m'as menti, prends garde, Scozzone!

SCOZZONE.

Tu ne me tueras pas, va! tu m'as déjà tuée.

SCÈNE III.

BENVENUTO, SCOZZONE, *cachés;* COLOMBE, ASCAN qui *écarte le rideau du fond et descend le premier par marchepied de sculpteur; puis, tendant la main à Colombe.*

ASCANIO.

A votre tour, Colombe. — Inclinez-vous un peu, mon be lys. Là! (*Elle passe.*) Dieu soit béni! vous voilà sauvée!

COLOMBE.

Sauvée! Oh! pourquoi donc alors suis-je encore toute tre blante? Je ne me croirai sauvée qu'auprès de ma tante.

ASCANIO.

Sur mon âme, Colombe, au delà de ce mur vous étiez pe due; en deçà, vous êtes sauvée. Car vous êtes ici avec u frère.

COLOMBE.

Je vous crois, ami. J'ai entendu cette horrible femme, et mo cœur et ma raison vous croient. Je vous remercie donc, vous dévoué et si vaillant. J'aime votre maître si bon et si grand.

ASCANIO.

l'aimez pas, Colombe! ne l'aimez pas!

COLOMBE.

Pas l'aimer! et pourquoi?

ASCANIO.

Parce qu'il vous aime, lui! parce qu'il vous aime aussi d'a—

COLOMBE.

Vous m'avez amenée ici!

ASCANIO.

Colombe, je voyais le danger de votre honneur d'un côté, et [...] anger de mon bonheur de l'autre. Je ne pouvais pas hé[siter]. Il fallait aujourd'hui vous soustraire aux desseins odieux de [cette] femme, et Benvenuto seul pouvait y réussir. Dans deux [jour]s, Benvenuto vous demandera au roi pour prix de la fonte [de J]upiter, et alors, Colombe, je déclarerai loyalement la vérité [à Be]nvenuto, et je vous disputerai même à lui.

COLOMBE.

Mais il est votre ami, Ascanio!

ASCANIO.

Ah! le sais-je maintenant? Je l'aimais certainement autrefois comme mon protecteur, mon maître et mon père. Et j'en suis cette heure à me demander si je ne le hais pas. Pourquoi se[rai]t-il autrement que moi? Pourquoi vous sacrifierait-il à moi, [pui]sque je ne vous sacrifie pas à lui?

COLOMBE.

Mais vous m'aimiez la première!

ASCANIO.

Bon! cela est bien égal à Benvenuto, si impérieux, si entier, si fort, si habitué à rester le maître. Il est un peu comme madame d'Etampes, hélas! Est-ce que sa passion raisonne? elle s'impose! Oh! je sens à présent tout ce qu'il y a d'injuste et de tyrannique dans le génie.

COLOMBE.

Mais, après tout, ce n'est pas Benvenuto que j'aime.

ASCANIO.

Ah! oui, répétez-moi que c'est moi, Colombe, et il me semble que l'équilibre sera rétabli; il me semble que je serai au moins son égal, si, pour lutter, nous sommes trois, en comptant Dieu. Si vous m'aimez, Colombe, je suis sûr que je le vaincrai. Et jusqu'ici pourtant, nul homme au monde n'a pu vaincre Benvenuto Cellini.

BENVENUTO, *qui sort pâle et grave de derrière le rideau.*
Vous faites erreur, Ascanio...

COLOMBE.

Benvenuto!

ASCANIO.

Le maître!

BENVENUTO.

Il y a un homme au monde qui a toujours pu vaincre Benvenuto Cellini. Cet homme s'appelle Benvenuto Cellini. (*Scozzone est sortie après Benvenuto et se tient en arrière, écoutant.*)

ASCANIO.

Maître!

BENVENUTO.

Vous ne dites plus le tyran, Ascanio. Oh! je ne vous en veux pas d'ailleurs. Vous n'êtes pas accoutumé aux obstacles, vous; vous n'avez jamais eu que la peine de naître. Tout vous a aidé, choyé, fêté. On aime tout de suite, ce beau mignon, n'est-ce pas, mademoiselle? C'est tout simple! il est tendre et doux, et moi, je suis rude et violent. Il vous faisait la cour tandis que je m'amusais à vous sculpter, imbécile! Et puis, est-ce qu'on nous aime, nous autres êtres disproportionnés, nous autres talents, nous autres monstres? Nous sommes faits pour vivre seuls, comme des loups, pour pâtir et pour produire. Le malheur pousse beaucoup au travail. Aussi je m'étonnais; je me disais : Mais, Benvenuto, tu te réjouis sans la pensée d'un protecteur intelligent, d'un ami profond, d'une bien-aimée charmante. Ah çà, est-ce que tu baisserais? voilà trois mois que tu n'as souffert? — Mais aujourd'hui, à la bonne heure! j'ai tout perdu, je me retrouve.

ASCANIO.

Maître, vous êtes cruel à votre tour.

BENVENUTO.

Non, enfant, la parole est amère, mais l'action sera bonne. — Il faut songer aussi, vois-tu, que j'ai dû te faire un peu souffrir.

ASCANIO.

Ah! et vous souffrez encore!

COLOMBE.

Il y a dans vos yeux une larme!

BENVENUTO.

Moi, pleurer? allons donc!—Madame, écoutez. Souvent quand je sculpte un bloc et que je le fais jaillir en éclats autour de moi je plains le pauvre marbre, et, pour le consoler, je lui dis : Va, je te blesse et je brise; mais c'est pour essayer de te faire éternel de beauté. Eh bien, il est un sculpteur plus sûr et plus maître que moi, que Michel-Ange et que Phidias : Dieu. Son marbre à lui, c'est l'homme. La douleur est son ciseau. Et quand je souffre et que je sens partir et tomber des morceaux entiers de moi-même, je me dis : Voilà que Dieu travaille à mon âme et daigne la faire meilleure et plus grande; merci, mon Dieu!

ASCANIO.

Ah! géant, tu ne nous dépasses pas seulement de la tête, tu nous dépasses même du cœur!

BENVENUTO.

Ascanio, tu as dit tout à l'heure des choses tristes pour moi, mais des choses bonnes aussi. Lutter contre toi? non! tu es le plus fort, tu es aimé! seulement, il paraît que je t'étais méprisé, mon enfant: ma Béatrice est jalouse là-haut et ne veut pas de rivale. Aime donc Colombe; c'est moi presque qui l'ai forcé de l'aimer. Et si je souffre, je me distrairai en vous sauvant. Ascanio, ce que je faisais pour moi, je le ferai pour toi, voilà tout! La grâce que je demanderai au roi, quand j'aurai fondu le Jupiter, ce sera toujours la main de Colombe. Seulement, au lieu de dire: Pour Benvenuto, je dirai : Pour Ascanio. C'est bien simple.

ASCANIO.

Bien simple et bien grand!

COLOMBE.

Oh! monsieur, je vous admire!

ASCANIO.

Cher maître, je vous aime!

SCOZZONE, *à genoux au fond.*
Et moi, Benvenuto, je t'adore.

BENVENUTO.

Scozzone!—Tiens, Ascanio, tenez, madame : voyez cette pauvre fille. Je l'ai délaissée, je l'ai torturée, et elle ne m'a ni haï, ni abandonné.

SCOZZONE.

Oh! ne dites pas cela, Benvenuto!

BENVENUTO.

Et pourquoi ne te rendrais-je pas devant eux cet hommage, à toi qui as été si aimante, si loyale et si fidèle?

SCOZZONE.

Benvenuto, vous me brisez le cœur!

BENVENUTO.

Elle s'est dévouée, là où tout autre se serait vengée.

SCOZZONE.

Grâce, Benvenuto! Ne m'écrasez pas de tant de louanges! Pour mériter les choses que vous me dites, qu'est-ce que je pourrais faire maintenant? Mourir! Ah! oui, je voudrais mourir pour vous!

BENVENUTO.

Mourir, non, il faut vivre et sauver ces enfants. — Ascanio, mettons en sûreté Colombe, par le moyen dont nous sommes convenus.

SCOZZONE.

Non! oh! non, pas ce moyen-là, Benvenuto!

BENVENUTO.

Et pourquoi donc? Est-ce qu'il y aurait danger?

SCÈNE IV.

Les Mêmes, PAGOLO, *puis* D'ORBEC *et les* Hommes d'Armes.

PAGOLO, *au dehors.*
Maître! êtes vous là, maître? ouvrez! Les gens du roi occupent l'hôtel, ils fouillent partout; monsieur d'Orbec veut vous voir.

BENVENUTO.

Les gens du roi! On s'est aperçu déjà de votre disparition, Colombe. Oui, la cour et les jardins sont remplis de piques et d'arquebuses.

SCOZZONE, *à part.*
Il est trop tard! Tout lui dire? à quoi bon! Pagolo veille au dedans, madame d'Etampes attend au dehors... Inspirez-moi, mon Dieu!

D'ORBEC, *au dehors.*

Ouvrez, au nom du roi!

ASCANIO.

Maître, retenez-les; moi je vais conduire Colombe.

BENVENUTO.

Non, ils te chercheraient, il faut qu'ils te voient auprès de moi. — Scozzone, écoute. Tu connais notre plan.

SCOZZONE.

Oui, je le connais.

BENVENUTO.

A toi de l'exécuter. — Vous êtes vaillantes toutes deux, Colombe, croyez en tout Scozzone. Scozzone, je te confie Colombe.

SCOZZONE.

A moi! à moi!

BENVENUTO.

Oui, à toi.

SCOZZONE.

Eh bien! soit. Mais j'irai et je resterai avec Colombe aux Ursulines.

BENVENUTO.

Ah! vous êtes cruelle, Scozzone!

SCOZZONE.

Vous croyez!

D'ORBEC, *en dehors.*

Au nom du roi, vous ne voulez pas ouvrir?

SCOZZONE, *à Colombe.*

Venez, venez vite, mademoiselle. (*Elle va serrer les mains de Benvenuto, le regarde avec des yeux comme avides, et, d'un accent profond:*) Adieu, Benvenuto. (*Elle entraîne Colombe derrière le rideau.*)

D'ORBEC.

Enfoncez la porte.

BENVENUTO.

Ouvre, Ascanio. (*Ascanio ouvre. D'Orbec se précipite suivi de Pagolo et de six ou huit sergents d'armes.*)

D'ORBEC.

Ah! vous voilà donc, monsieur. Qu'avez-vous fait de Colombe, de ma fiancée? Elle a disparu, elle est ici!

BENVENUTO.

Cherchez, monsieur.

D'ORBEC.

Oh! vous serez moins fier aujourd'hui. Ce n'est pas vous qui avez l'ordre du roi, c'est moi. Lisez...

BENVENUTO, *lisant.*

« Ordre du roi. — Benvenuto Cellini, accusé d'avoir prêté les
» mains à l'enlèvement de noble demoiselle Colombe d'Estour-
» ville, sera consigné au Grand Nesle avec tous ses ouvriers, et
» le Grand Nesle sera gardé à vue pendant le temps que doit
» durer la fonte du Jupiter... » Sire! sire! sans reproche, c'est la seconde fois que vous m'abandonnez! — Mais vous avez raison, monsieur, je n'ai pas le droit de me révolter aujourd'hui.

D'ORBEC.

Vous obéirez?

BENVENUTO.

J'obéirai. Seulement, je dois obéir à la reine comme j'obéis au roi; j'ai promis sur l'honneur à la reine qu'une châsse qu'elle m'a commandée pour les Ursulines serait livrée aujourd'hui. Puis-je faire porter cette châsse au couvent par mes compagnons?

D'ORBEC.

Mes hommes la porteront. Un seul de vos ouvriers suffira pour l'accompagner.

BENVENUTO.

Soit. Je désigne Ascanio.

D'ORBEC.

Non. Car au nom du roi, j'arrête Ascanio des Gaddi.

BENVENUTO.

Mon enfant! Et pourquoi l'arrêtez-vous, monsieur?

D'ORBEC.

Il est désigné comme le ravisseur; vous n'êtes que son complice. Allons! qu'on le saisisse!

BENVENUTO.

Ascanio! une arme! Oh! mais je suis fou! Pardonnez, monsieur. La seule arme dont je puisse me servir cette fois n'est pas d'acier, elle est de bronze, et je ne l'ai pas encore fondue.

ASCANIO.

Maître!

BENVENUTO.

Mon enfant, imite-moi. Du calme; aie confiance en Dieu et ton ami. — Adieu, Ascanio. (*Ascanio part emmené par les gar Pagolo, venez. C'est vous qui conduirez aux Ursulines les teurs de la châsse. Sur votre âme, Pagolo, retenez et exé fidèlement tout ce que je vais vous dire. Vous demander parler à madame la supérieure. A elle-même. Vous lui re trez cette lettre. A elle seule. C'est l'indication du secret ouvre la châsse. Vous prierez madame la supérieure de cette lettre, tout de suite et en votre présence. Cela fait, reviendrez aussitôt me rendre compte de votre commiss Vous m'avez bien compris, Pagolo, et vous m'obéirez en point?

PAGOLO, *les yeux baissés.*

Oui, maître.

BENVENUTO.

Regardez-moi, Pagolo, et répétez.

PAGOLO.

Oui, maître.

BENVENUTO.

C'est bien, merci. (*Aux sergents.*) La châsse est là, vous pou la prendre. (*Un des hommes du Prévôt tire le rideau. La ch est fermée. Une femme, la tête couverte d'un voile, sort et trave d'un pas lent et grave le théâtre.*)

BENVENUTO, *au passage.*

Au revoir, n'est-ce pas, Scozzone? (*Elle passe sans répondr* Elle est impitoyable!

D'ORBEC.

Quelle est cette jeune fille?

BENVENUTO.

Cette jeune fille s'appelle Scozzone, monsieur, elle était de maison.

D'ORBEC, *l'arrêtant.*

Un instant! où est la bague? (*Elle la lui présente.*) C'est bie passez!

BENVENUTO.

Adieu, Scozzone! (*La femme voilée sort.* — *Aux hommes q emportent la châsse, marchant auprès d'eux.*) Mes amis, pren les précautions les plus minutieuses, n'est-ce pas? A cause de figurines, vous voyez. Et puis c'est un objet sacré, c'est fait po contenir une sainte. Pagolo, veille et souviens-toi! — Adie Colombe! (*Tous sortent, moins Benvenuto.*)

SCÈNE V.

BENVENUTO, *seul.*

Tout ce que j'aime vient de s'en aller devant mes yeux. Maiso vide, cœur devasté. Me voilà seul. (*Se redressant.*) Eh bien, seu je veux reconquérir tout ce qu'on vient de m'enlever. Le moul est prêt, la fournaise bout, la fonte du Jupiter attend. Ce n'es plus seulement ma gloire qui en dépend, c'est ma vie, c'est salut de Colombe, la liberté d'Ascanio, c'est le bonheur d tous. Allons, que l'artiste sauve l'homme. (*Otant son pourpoint. Tu as assez souffert, Benvenuto! console-toi, apaise-toi, repose toi, — travaille! A la fonte! à la fonte!

ACTE V.

Septième Tableau.

LA FONTE DU JUPITER.

La fonderie, occupant le fond du théâtre. Sur le devant, une sorte de magasin, avec un dressoir chargé de pièces d'argenterie et un piédestal sans statue.

SCÈNE I.

D'ORBEC, PAGOLO.

D'ORBEC, *à la cantonade.*

Monsieur de Morvilliers, veillez à ce que vos hommes gardent bien toutes les issues. (*A part, en entrant.*) Colombe n'est toujours pas retrouvée, et ce Benvenuto est capable de réussir. (*Appelant.*) Monsieur Pagolo! monsieur Pagolo! (*Pagolo vient à lui.*) Rappelez-vous la promesse que vous avez faite à madame d'Étampes: par un moyen ou par un autre, vous devez empêcher Benvenuto d'achever la fonte de son Jupiter. Rappelez-vous aussi la promesse que vous a faite madame d'Étampes: Benvenuto renvoyé en fuite, votre fortune est faite.

PAGOLO.

...ne m'en parlez pas, monsieur, j'en pleure de rage, mais ...ire à un diable et non à un homme. Depuis trois jours, il ...s dormi ; depuis hier il n'a pas mangé; depuis quarante ..., il vit, marche, et agit dans la fournaise comme une sala-.... Nous nous relevons tous les uns les autres. Benvenuto ...me, Hermann ! s'est reposé la première nuit. Benvenuto ...t toujours réveillé, toujours debout, toujours ardent.

BENVENUTO, *dans la fonderie.*

... là haut de la chaudière ! mettez-donc du jour entre les ...s pour qu'ils fondent plus vite.

VOIX *qui répètent l'ordre.*

jour entre les lingots !

PAGOLO.

...nez ! l'entendez-vous? Ce n'est, pardieu, pas la statue qui ...e bronze, c'est le statuaire !

D'ORBEC.

...ais vous n'avez donc rien essayé, enfin ?

PAGALO.

...mment ! je n'ai rien essayé ! J'ai d'abord furtivement mouillé ...ois du fourneau que depuis longtemps Benvenuto avait eu ... de faire sécher. Mais alors il a requis tous les fagots de tous ...boulangers du voisinage. J'ai usé et limé, sans trace exté-re, un des câbles qui devaient porter le moule dans la fosse. ...s Benvenuto, qui avait déjà éprouvé toutes ses cordes une ...mière fois, les a fait éprouver une seconde, et a rompu mon ...le et ma ruse. Enfin, en jetant de la résine sur le bûcher, j'ai ...oyé la flamme lécher et allumer le toit de la fonderie. Mais ...venuto a saisi une hache, a abattu deux des piliers et a coupé ...icendie. Je vous dis qu'il est surnaturel !

D'ORBEC.

Mais alors, mon bon ami, je commence à croire qu'il ne man-...era pas la statue et que vous manquerez votre fortune.

PAGOLO.

Heuh ! il faudra voir ! Le bronze de son Jupiter n'est pas encore ...nu remplacer sur ce piédestal le modèle dont il était si glorieux. ...e grand homme s'épuise et se brise lui-même dans cette lutte ...fernale. J'espère dans la fièvre. Il y en a encore pour une bonne ...eure avant que tout le métal ait coulé, et si Benvenuto pouvait ...omber d'ici là, alors...

D'ORBEC.

Alors?

PAGOLO.

Dès qu'il n'y sera plus pour tout mener et tout surveiller, j'ai ...mon idée, soyez tranquille !

LA VOIX DE BENVENUTO.

Pagolo! Hermann! Pagolo!

PAGOLO.

Il m'appelle.

D'ORBEC.

Je vous laisse. J'aime autant qu'il ne me voie pas. Au revoir et bonne chance !

SCÈNE II.

BENVENUTO, PAGOLO, puis HERMANN.

BENVENUTO, *sans voir Pagolo.*

Ah! mon Dieu ! la tête me tourne, mes genoux chancellent, mes yeux se troublent. Est-ce qu'il va m'arriver ce que je crai-gnais tant? Est-ce que mes forces seront à bout avant mon œu-vre? Non, non ! je t'ordonne de résister, corps de fer! veux-tu bien m'obéir, inerte matière! (*Il tombe sur un genou.*) Ah! elle ne veut plus, elle ne peut plus ! Je crois que je vais mourir. Qui délivrera Colombe et Ascanio, si je meurs? Seigneur, mon Dieu ! aidez-moi donc, puisque je m'aide! Voyons, du calme! (*De-bout.*) J'ai encore une lueur de raison, un reste de volonté ; profitons-en. (*Appelant.*) Hermann! Pagolo!

PAGOLO, *qui l'observe dans l'ombre.*

Je suis là, maître.

HERMANN, *accourant.*

Voilà! voilà ! Ah ! vous êtes comme moi, je n'en peux plus!

BENVENUTO.

Hermann, écoute. Je t'ai chargé de peser et de garder les lin-gots de la fonte. Es-tu sûr de ton compte, Hermann ?

HERMANN.

Oui.

BENVENUTO.

Ah ! j'ai ce brasier dans la tête ! — Tu me réponds qu'il y aura assez et trop de métal, Hermann ?

HERMANN.

Trop, j'en réponds.

BENVENUTO.

Bien. A toi, Pagolo. Je suis mourant, mon ami, mais tu peux me remplacer, maintenant. Ce qui reste à faire est une besogne simple et toute mécanique. Il suffit, tu sais, de maintenir le métal en fusion jusqu'à ce que le moule soit empli. Le feras-tu, Pagolo?

PAGOLO.

Oui, maître.

BENVENUTO.

Merci ! — Allez donc vite, mes amis. Oh ! mon front bout, je souffre !

PAGOLO.

Maître, il vous faudrait du secours.

BENVENUTO, *frappant sur le piédestal.*

Non, quand mon Jupiter sera là! Attendez! Un dernier mot. Du cœur. Cette belle œuvre, c'est une bonne action, mes amis, vous sauvez Ascanio et Colombe! Allez. (*Il tombe anéanti.*)

HERMANN.

Pauvre et bon maître!

PAGOLO.

Venez, Hermann !

SCÈNE III.

BENVENUTO, seul.

Te voilà donc tombé, orgueilleux Titan ! voleur d'immortalité, tu vas donc mourir! Oui, mais qu'est-ce que cela me fait? mon Jupiter vivra! Mon Jupiter rappellera au roi qu'il m'a promis une grâce et la réclamera en mon nom, et cette grâce, c'est... O mon Dieu ! je ne me souviens plus. — Ah ! si! Ascanio, sei-gneur de Nesle, Colombe, sa femme, Scozzone heureuse à Flo-rence avec moi! Chers fantômes, vous m'environnez tous! — Voyons, voyons, voyons, je crois que je délire un peu. Non ! voilà, Dieu merci, ma raison qui revient, mon front se dégage tout à fait. Jamais je ne vis plus nettement mes conceptions et mes œuvres. (*Debout devant le piédestal.*) Je vois ma statue de Jupiter. Il est beau, mon Olympien ! Mais non, il ne porte pas! le mouvement est faux, il penche, il tombe ! Qui donc m'a dit qu'il était beau? où ai-je pris cela? mais j'étais fou ! mais il est manqué! Oh! mes ouvriers me trompaient! ils s'en étaient bien aperçus et ils ne me le disaient pas, et ils riaient en arrière. O le doute ! O le calice des Oliviers! Malheureux! tu as donné pour un Jupiter, roi des dieux, un Vulcain monstrueux et stu-pide. Entends-tu, là, dans la fonderie, rire aux éclats tes compa-gnons ; et, plus loin, dans la cour, ces soldats sont te gardent; et plus loin encore, tes ennemis du Louvre, madame d'Étampes, d'Orbec, d'Estourville, et là-bas, Bandinelli, Ghiberti, tous tes rivaux d'Italie, et enfin, comme un cirque immense, toute l'Europe artiste qui t'entoure d'un cercle infini de huées. Perdu, honni, déshonoré! Ah ! Dieu soit loué! mort! (*Il tombe.*)

SCÈNE IV.

BENVENUTO, *évanoui*, PAGOLO; *puis* HERMANN, SIMON, TOUS LES OUVRIERS.

PAGOLO, *revenant, pâle et tremblant.*

Qu'est-ce que j'ai fait, en somme? une simple plaisanterie, un bon tour à ce butor d'Hermann, voilà tout. Suis-je absurde de m'en laisser troubler comme d'un crime !

OUVRIERS, *au fond.*

Hermann ! Hermann ! le métal manque.

PAGOLO.

Ah ! les voilà qui s'aperçoivent de l'espièglerie.

LES OUVRIERS, *accourant au fond.*

Du métal ! le moule se refroidit.

HERMANN, *avec désespoir.*

Ah ! où est mon métal ! on m'a volé !

LES OUVRIERS, *entrant.*

Maître ! maître ! du métal ! ou la fonte s'arrête.

HERMANN.

Maître ! réveillez-vous ! Du métal ! on m'a volé!

SIMON, *secouant Benvenuto.*

Maître ! Oh ! mon Dieu ! il est sans connaissance ! Qu'allons nous devenir ?

PAGOLO.

Eh! vous voyez bien que Benvenuto est évanoui, mourant, ne le tourmentez pas!

SIMON.

Et si la fonte se fige.

PAGOLO.
Dame! qu'y faire, c'est un malheur! Le métal manque, tout est perdu!

BENVENUTO, se redressant.
Qui dit ici que tout est perdu, tant que Benvenuto respire?

TOUS.
Le maître!

BENVENUTO, debout.
Voyons, qu'y a-t-il?

TOUS LES OUVRIERS, à la fois.
La fonte se fige. — Il faut du bois. — Le feu s'éteint — C'est faute d'Hermann! — Tout est perdu!

BENVENUTO.
Taisez-vous! (A Simon.) Voyons, parle, toi.

SIMON.
Le bois manque, la fonte se fige.

BENVENUTO.
Prenez ces escabeaux, brisez ces tables. (Il prend une hache, démolit une grande selle, et en un clin d'œil entasse un monceau de bois.) Tenez, prenez, emportez. (A Simon.) Qu'y a-t-il encore?

SIMON.
Maître, le métal manque.

BENVENUTO.
Ah! (Prenant Hermann à la gorge.) Tu m'as trahi!

HERMANN.
Maître! tuez-moi! (Il sort.)

BENVENUTO.
Du métal? où en trouver? On fait du bois avec des poutres, avec des meubles. Mais du cuivre?...

SIMON, accourant.
Maître, la fonte a repris; mais il faut du métal, il n'est que temps.

BENVENUTO.
Ah! si le sang pouvait se liquéfier en bronze!

LES OUVRIERS, au fond.
Du métal!

BENVENUTO.
Ils me rendront fou avec leur cri! Ma vie pour cent livres d'airain! Tout en dépend, Colombe, Ascanio, Scozzone. (Cherchant autour de lui.) Et rien, rien! (Fouillant dans ses poches.) Pas un as de cuivre! Ils sont perdus!

LES OUVRIERS.
Du métal! du métal!

BENVENUTO, dont les regards s'arrêtent sur le dressoir.
Ah! ils sont sauvés! — Pagolo, Simon, tenez, emportez, jetez tout cela à la chaudière, — or et argent, n'importe!

PAGOLO.
Comment! mais ce sont vos chefs-d'œuvre!

BENVENUTO.
Eh! non, tu vois bien que c'est du métal. (Benvenuto donne aux ouvriers les aiguières, les plats et les vases, qu'ils lancent dans la chaudière.)

SIMON.
Quoi, maître, ce merveilleux vase aussi?

BENVENUTO.
Au brasier! Eh! si j'y servais, je m'y jetterais moi-même. (Arrêtant un ouvrier qui emporte la coupe du premier acte, et la lui arrachant des mains.) Pourtant, cette belle petite coupe! La postérité, disait le roi, l'appellera la coupe de Cellini. Elle est si petite, elle n'ajouterait pas grand chose à la fonte! — Comment! il s'agit de la vie de tout ce que j'aime, et je fais des économies! Allons donc, marchand! (Il va pour donner la coupe.)

VOIX AU FOND.
Assez! le moule est plein!

SIMON, et les ouvriers accourant.
Victoire! maître! — Les évents jaillissent. — L'œuvre est complète. — Victoire!

BENVENUTO.
Soyez béni, mon Dieu! Vous êtes toujours un peu le collaborateur de toute œuvre humaine. Nous avons réussi, grâce à vous, mon Dieu, soyez béni!

HERMANN, s'élançant sur Pagolo qu'il traîne devant Benvenuto.
Ah! maître! mon métal! je l'ai retrouvé. Dans la chambre de Pagolo!

PAGOLO.
Ah! maître, il va m'étrangler.

HERMANN.
Oh! oui!

BENVENUTO, entre les dents, à Pagolo.
Voleur! — Qu'Hermann fasse ce qu'il voudra, moi j'ai fait que je voulais, j'ai sauvé Ascanio et Colombe.

HERMANN, à Pagolo.
Fais ta prière.

PAGOLO.
Benvenuto! — Ah! défendez-moi — ou je me tais et vo[us] Colombe est perdue.

BENVENUTO.
Que dit-il? Arrête, Hermann.

PAGOLO, toujours sous la main d'Hermann.
Benvenuto — vous avez enfermé Colombe — dans la châ[sse] des Ursulines, — il y a de cela deux jours — et deux nuits?

BENVENUTO.
Oui, eh! bien?

PAGOLO.
Eh bien, elle y est encore!
(Benvenuto s'élance dehors, avec un cri terrible.)

Huitième Tableau.
LA CHÂSSE ROUVERTE.

Un oratoire au Louvre. — Au fond, dans une profonde embrasure, la châ[sse] de sainte Ursule, exhaussée sur une estrade de deux ou trois marches.

SCÈNE I.
LA DUCHESSE, D'ESTOURVILLE.

D'ESTOURVILLE.
Madame, dites-moi donc ce qu'il faut croire et c[e] qu'il faut craindre? Ce damné Benvenuto triomphe! Le roi avec toute sa cour, est à cette heure dans la galerie voisine, e[n] train de s'extasier devant sa statue de Jupiter. Ma fille n'est pa[s] retrouvée; mes hommes n'ont pas pu en découvrir la moindre trace. Et cependant cet orfèvre du démon a déjà obtenu de Sa Majesté l'élargissement immédiat de son Ascanio!

LA DUCHESSE.
Eh! que voulez-vous que j'y fasse, monsieur? Vous cherche[z] votre fille, moi je cherche ma sœur, — la dernière, la seule amitié désintéressée et vraie qui me reste. Ah! ne dites pas que c'est le démon qui est avec cet homme. C'est bien davantage!

D'ESTOURVILLE.
Vous-même, donnez-vous partie gagnée à votre ennemi, madame la duchesse? Quoi! vous avez eu l'attention de faire apporter de chez vous au Louvre, pour la montrer au roi, sa châsse de sainte Ursule que voilà! Êtes-vous de son parti maintenant? Je vous prie de m'en avertir, du moins.

LA DUCHESSE.
Monsieur le prévôt, je ne le sais pas moi-même. Pour la première fois de ma vie, peut-être, j'hésite et je doute. Tenez, laissez-moi seule un moment, je vous prie, dans cet oratoire où le roi va venir me rejoindre. Je vais réfléchir, me décider. Allez! allez!

D'ESTOURVILLE.
Le jour commence à baisser; ferai-je apporter des flambeaux à madame la duchesse?

LA DUCHESSE.
Non, non, j'aime mieux cette ombre. Laissez-moi. (D'Estourville salue et sort.)

SCÈNE II.
LA DUCHESSE, seule.

Oui, je doute, oui, j'hésite, et, — ce que je n'ai pas ajouté, — j'ai peur! Malgré moi, l'assurance étrange de Benvenuto m'impose et m'épouvante! Quand j'ai dit que cette châsse des Ursulines était ici, j'observais son visage. Il n'a pas sourcillé, — il a souri. Ah! ce sépulcre vivant, je l'ai gardé chez moi deux jours et deux nuits sans oser m'en approcher, sans oser rester avec lui — seule. — Est-ce que par hasard il serait vide? Est-ce que Benvenuto m'aurait devinée, m'aurait déjouée? Au prix de n'importe quelle terreur, il faut que je le sache. Allons! (Elle s'avance pâle et tremblante vers la châsse. S'arrêtant.) Si quand j'ouvrirai sa tombe, la morte allait se dresser et me saisir! (Ici dans ce moment, qu'est-ce que je souhaite? Qu'elle y soit ou qu'elle n'y soit pas? Je ne sais plus. — Allons! pas de faiblesse! (Elle monte les marches, et, en détournant la tête, pousse le ressort. Le couvercle se lève.) Je n'ai pas le courage de regarder; j'aime mieux toucher. (Elle étend la main derrière elle. Jetant un cri.) Ah! J'ai senti une main glacée. (Elle fait retomber le couvercle et redescend précipitamment les marches.) Le roi! Benvenuto! Toute la cour! (Sur le devant du théâtre.)

...mporte! je suis sûre à présent de ma victoire, — et de
...ne! (*Elle sort.*)

SCÈNE III.

...BENVENUTO, ASCANIO, D'ESTOURVILLE, D'OR-
...*puis* LA DUCHESSE. Deux Pages *portant des flam-*
...

LE ROI.

...irable! admirable! Je ne puis que répéter ce mot, Ben-
...et ajouter : Comme je suis en retard et en faute avec
...mon ami! Comme je vous ai méconnu, tourmenté,

BENVENUTO.

...peu, oui, sire, je ne le nierai pas.

LE ROI.

...moi, certes. Ah! voilà votre châsse, une autre merveille!
...pour me punir, je me veux priver de la regarder, jusqu'à
... j'aie su quel don il vous plaît de réclamer de moi. C'est
...a moindre réparation que je vous doive.

BENVENUTO.

...i, la seule que je demande, sire , c'est de dédommager
...ement, en votre nom, et comme investi de tout votre pou-
...ce jeune homme, Ascanio des Gaddi, mon ami et mon
... lequel vient d'être injustement emprisonné sur un ordre
...ché par surprise à Votre Majesté.

LE ROI.

...ccordé de grand cœur. Parlez comme si vous étiez le roi,
...venuto; et je vous prie de me mesurer à votre taille.

BENVENUTO.

...e tâcherai d'être digne de ce grand rôle, sire. — Ascanio des
...di, déjà noble d'origine et issu d'une des plus anciennes fa-
...es de Florence, vu la donation qui vous est faite aujour-
...i par Benvenuto Cellini du domaine du Grand Nesle, nous
...s octroyons, avec les lettres de naturalisation française, le
...e et les droits de seigneur de Nesle.

ASCANIO.

Maître, que dites-vous ?

LE ROI.

Mais, jusqu'à présent c'est vous qui êtes généreux, Benvenuto,
n'est pas moi.

BENVENUTO.

Attendez, Sire. — De plus, comme habile et savant artiste,
...ous vous donnons la charge vacante d'intendant et surveillant
...e nos hôtels et châteaux royaux, aux appointements de six
...nts écus d'or.

ASCANIO.

Maître, ah! c'est trop!

LE ROI.

A la bonne heure, au moins! Mais est-ce donc tout?

BENVENUTO.

Enfin, et comme grâce singulière, nous autorisons le mariage
d'Ascanio des Gaddi, seigneur de Nesle, intendant des châteaux
royaux, avec noble demoiselle Colombe d'Estourville, fille de
sire Robert d'Estourville, prévôt de Paris.

ASCANIO.

LE ROI.

Quant à cela, nous ne demanderions pas mieux, Benvenuto;
mais il faut d'abord que madame d'Étampes nous dégage de la
parole que nous lui avons donnée, il y a trois jours, devant
vous.

LA DUCHESSE, *rentrant.*

Je vous en dégage, Sire !

D'ESTOURVILLE, *à part.*

Décidément elle a fait la paix.

LE ROI.

Mais le fiancé, monsieur d'Orbec, consent-il aussi ?

D'ORBEC.

Dieu me préserve de mettre jamais obstacle aux libéralités de
Sa Majesté ! (*A part.*) Ni l'intendance, ni le Grand Nesle ! ce
bon prévôt peut bien garder sa fille.

LE ROI.

Et que dit le père?

D'ESTOURVILLE.

J'obéirai toujours aveuglément aux désirs, c'est-à-dire aux
ordres de mon roi ! (*A part.*) J'exaspère ce pauvre d'Orbec ! ma
foi, tant pis !

BENVENUTO.

Alors, Votre Majesté daignera-t-elle mettre le comble à ses
bonnes grâces en signant elle-même et sur l'heure le contrat
de mariage ? J'ai fait avertir le notaire royal qui doit être là.

LE ROI, *en riant.*

Soit. Il n'a rien oublié.

LA DUCHESSE.

Excepté la fiancée. Colombe d'Estourville a disparu depuis
deux jours de la maison de son père, et nul ne sait ce qu'elle
est devenue.

BENVENUTO.

Pardonnez-moi, la voici, madame. (*Il va à la porte de droite
et introduit Colombe en habit d'Ursuline.*)

LA DUCHESSE, *avec un cri.*

Ah! Colombe!

SCÈNE IV.

Les Mêmes, COLOMBE.

COLOMBE.

Sire! — Mon père.

BENVENUTO, *à d'Estourville.*

Elle arrive du couvent des Ursulines, où elle était réfugiée
depuis deux jours.

LE ROI, *à Colombe.*

Votre main, madame. (*Il la conduit à une table où se tient le
notaire. Colombe, Ascanio, le roi, d'Estourville signent.*)

LA DUCHESSE, *au moment où Colombe signe.*

Ce n'est pas son fantôme !

BENVENUTO.

Vous n'allez pas signer au contrat, madame la duchesse ?
Qu'avez-vous donc ? Est-ce que cela vous torture à ce point de
voir que Colombe est là, vivante ?

LA DUCHESSE, *l'œil fixé sur la châsse.*

Non, monsieur; mais de ne pas voir qui est là, morte !

BENVENUTO, *avec un cri.*

Qui est là, morte ! Ah! quel soupçon ! (*Il se précipite vers
la châsse et l'ouvre.*) Scozzono ! (*Il la prend dans ses bras, l'ap-
porte sur le devant de la scène et tombe à genoux auprès d'elle.*)

LA DUCHESSE, *jetant un cri et tombant à genoux de l'autre côté.*

Ah ! ma sœur ! Ah ! c'est moi qui l'ai tuée

BENVENUTO.

Scozzone, ma chère bien aimée, oh ! reviens à ma voix, ra-
nime-toi à mon amour.—Non, rien ! impuissant !—Allons donc,
sculpteur, créateur, toi qui prétends donner l'éternité à tes
œuvres, rends donc seulement le souffle de quelques années à
cette beauté toute faite de Dieu ! Scozzono ! entends-moi, ré-
ponds-moi ! Viens ! nous partons ! Florence ! l'Italie ! (*Posant
doucement la tête glacée et se dressant sur ses genoux, pâle et
morne.*) Non, je m'en retournerai seul, saignant et sombre
C'est le sort.

LE ROI.

Comment ! Benvenuto, et tes travaux ! tes grandes œuvres !

BENVENUTO.

Sire, je ne sculpterai plus qu'un ouvrage en France : le tombeau de cette enfant !

FIN.